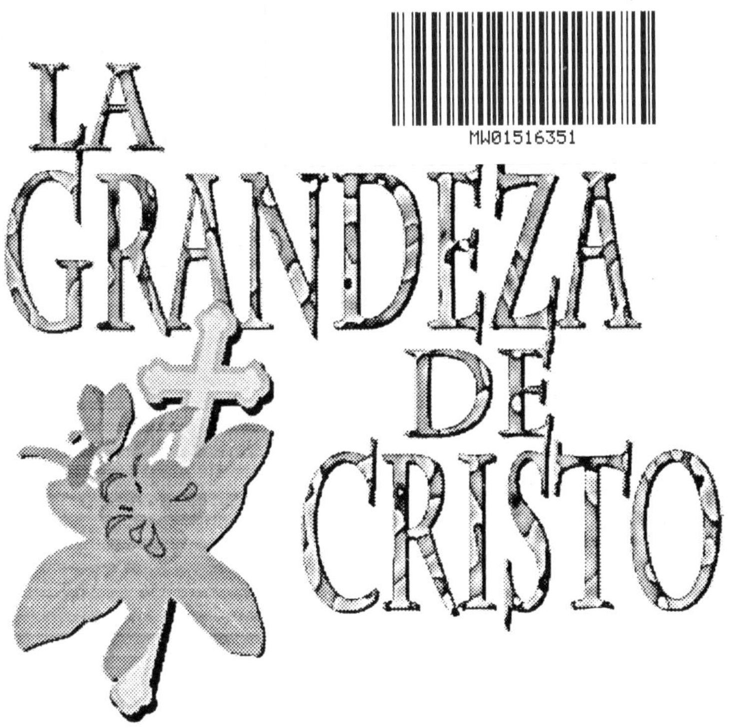

LA GRANDEZA DE CRISTO

Una Exposición de COLOSENSES

PRESTON TAYLOR

Publicado por
Editorial **Unilit**
Miami, Fl. 33172

Primera edición 1996

Título en inglés: *Colossians: The Pre-eminent Christ*

Traducido al castellano por: Arnoldo Canclini

Cubierta diseñada por: K & A Graphic Designs Inc.

Producto 498383
ISBN 1-56063-963-6
Impreso en Colombia
Printed in Colombia

Dedicado a
Angela y James,
Meredith y Wallace,
y
Keith y Kevin
nuestros preciosos nietos

Contenido

Presentación

No es habitual que el traductor se refiera en la página inicial de un libro que ha puesto en su idioma, mencionando su valor. Pero, después de haber tenido el placer de trabajar con varias obras de Preston Taylor, hay algunas observaciones que pueden hacerse espontáneamente.

Estamos claramente ante una serie de mensajes que el autor ha predicado en su iglesia, dándonos un buen ejemplo de lo valioso que puede ser ponerlos por escrito para que la bendición que han producido se multiplique. Es necesario reconocer que una de las formas en que eso puede ocurrir es cuando otro predicador lee estas páginas y hace uso de su razonamiento o sus ejemplos para su propio mensaje; no debemos ocultar que ésa ha sido nuestra experiencia, con mucho provecho.

Estos estudios contienen todos los ingredientes de una buena predicación. Están claramente basados en la Biblia, siendo un buen modelo de mensaje expositivo. Por ello, sin caer en erudición que resulte pesada, hay frecuentes alusiones al significado original de las palabras empleadas por el autor bíblico. Por el otro lado, hay un conocimiento y una relación continua con la realidad cotidiana y los problemas del mundo de hoy, así como ejemplos de la historia que ilustran la exposición, sea con personajes cristianos como Jorge Whitefield o seculares como Napoleón Bonaparte. Inconscientemente el lector es llevado a través de una intensa labor exegética hecha por el autor y que él puede aprovechar, en forma similar a la de un comentario tradicional.

Estamos, pues, ante páginas que serán un aporte espiritual para quien busque hermenéutica, ayuda en la predicación o inspiración personal, como fruto de una vida dedicada intensamente al ministerio en distintos países, pero siempre en una definida dependencia de Dios. Por todo ello, damos gracias por la bendición que ha sido trabajar con materiales de los que se puede esperar que serán de bendición a muchos.

Arnoldo Canclini

Prefacio

Mientras viva será un grato recuerdo para mí cómo llegué a familiarizarme con Colosenses. Esto ocurrió en Argentina, mi país, a mediados de la década de los treinta. Yo era un recién nacido en Cristo, acababa de ser gloriosamente salvado por fe en él del pecado y de una religión inútil que había heredado. Había comenzado a leer mi primer Nuevo Testamento, regalo de un compañero de estudios de la escuela de comercio que me había guiado a Cristo tras dos años de discusiones, investigación y oración. Esa lectura tenía que hacerse a escondidas debido a la persecución de que era objeto y que duró dos años.

Cuando llegué a Colosenses, el capítulo tres me impactó tan dulce, profunda y permanentemente que me fue difícil seguir adelante en la lectura. Aquí veía vívidamente presentada la nueva vida que yo estaba experimentando, una vida de unión con el Cristo vivo. Con él en su muerte, con él en su resurrección, con él en su gloria venidera. Una vida con él en un andar totalmente nuevo en el cual él era supremo y preeminente, y la paz de Dios y la palabra de Cristo tenían dominio indisputado.

Al presentar y recomendar estos capítulos sobre Colosenses de la pluma de Preston A. Taylor, es mi ferviente oración que el lector sea conducido a los pies del maravilloso Cristo que ellos revelan y, por la obra del Espíritu Santo, a una vida de entendimiento, amor y devoción más profundos hacia este Cristo que es preeminente en naturaleza, en creación, en redención y reconciliación en su cuerpo que es la iglesia: en las palabras de Pablo y como oraba Epafras, que el lector *esté firme, perfecto y completo en todo lo que Dios quiere* (4:12).

Este nuevo libro escrito por Taylor, consagrado misionero, pastor, educador y prolífico escritor, es verdaderamente rico y enriquecedor. Me asombra con su riqueza de ilustraciones de la Palabra, la historia, la vida, al igual que anécdotas de su propia vida y ministerio. ¡Léalo, estúdielo, y sea bendecido por él! ¡Y te doy gracias por el mismo, amigo Preston!

Alfonso Olmedo,
Misionero retirado emérito
Primera Iglesia Bautista,
Austin, Texas

Pablo, apóstol de Jesucristo por la voluntad de Dios, y el hermano Timoteo, a los santos y fieles hermanos en Cristo que están en Colosas: Gracias y paz sean a vosotros, de Dios nuestro Padre y del Señor Jesucristo.

Colosenses 1:1-2

Capítulo 1

El valor supremo del cristiano

En 1974, Robert Bencheley escribió un libro al que puso de título "Mandíbulas" y que se ha hecho conocido en muchos idiomas, inclusive en castellano, con el nombre de "Tiburón". Los editores le pagaron cinco millones de dólares por su oBra, de la que después se hizo una famosa película, a la que siguieron otras sobre el mismo tema.

Por el otro lado, hace dos mil años el apóstol Pablo escribió la carta a los Colosenses desde una prisión en Roma. Era alrededor del año 62 d.C. Dos amigos suyos la llevaron a la iglesia en la pequeña ciudad de Colosas en el Asia Menor. Los miembros de la congregación la leyeron una y otra vez. Desde entonces, millones y millones de personas han continuado leyéndola y descubriendo verdades inolvidables. Podemos leer esa pequeña obra de cuatro capítulos y 95 versículos en menos de media hora. También podemos pasar días haciéndolo y meditando sobre esa carta paulina y no terminar jamás de extraer todas las verdades que contiene.

Sus primeros dos versículos indican la medida en que somos importantes para Dios. Si tenemos un conflicto con nuestra propia imagen, encontraremos la respuesta en lo que nos dice la Palabra de Dios.

Ether Waters era una famosa cantante negra, que participaba en las campañas de Billy Graham. Una vez dijo: "Dios no fabrica paja". Como cristianos debemos aprender esa verdad: somos importantes, tenemos un valor muy alto, tenemos una calidad única. Pablo nos conduce a ese secreto de la grandeza del cristiano en estos versículos.

I. Somos un pueblo con una comisión divina

Una de las palabras que aparecen en la introducción de esta carta es "apóstol". Pablo se titula a sí mismo "apóstol de Jesucristo". Sabemos que, desde el día de su conversión, Dios dijo a Pablo que lo había escogido para predicar el mensaje de Jesús. Ese es el sentido estricto de la palabra. Dios colocó a Pablo en el mismo nivel que los doce apóstoles que habían sido llamados al ministerio por Jesús.

La palabra "apóstol" significa "enviado". Eso significa el verbo griego *stello.* El prefijo *apo* significa "de" o "desde". De modo que la palabra "apóstol" tiene el sentido de alguien que ha sido enviado con un mensaje. En el uso bíblico de la palabra, la idea es la de alguien que sale con el mensaje de las buenas nuevas de Jesucristo.

En el verdadero espíritu del texto, más allá de lo técnico, somos el "pueblo enviado" de Dios. El Señor nos ha comisionado para ser sus testigos. Estamos sujetos a Jesús. Somos sus apóstoles o sea que estamos a sus órdenes. Notemos también que esto es así porque tal es la voluntad de Dios, quien tiene un propósito para nosotros. Quiere que seamos sus "enviados", para llevar al mundo la historia de la noticia más importante. El gran propósito y la voluntad de Dios es que le sirvamos.

David Fajardo ha servido como director editorial y promotor de la Casa Bautista de Publicaciones en El Paso, Texas, desde 1987. Llegó allí desde el Ecuador, donde fue presidente de la Convención Juvenil y de la Convención Nacional, además de ser músico y pastor, habiéndose graduado en un Instituto Bíblico en su país y del Seminario Bautista en Venezuela, así como de la universidad en el Ecuador. Pero no había estudiado inglés en todos esos años. Se inscribió en la Universidad de Texas en El Paso. En una carta contaba de la oportunidad de testificar a una cantidad de profesionales de México que también se habían inscripto en aquel curso de los lunes a la noche. Esa oportunidad de testificar *en inglés* cuando se hablaba del tema que cada cual escogía entusiasmaba a Fajardo más que la clase misma.

Cada uno de nosotros es parte de un pueblo, cuyo valor está más allá de todo precio, porque Dios quiere que seamos sus enviados. No desperdiciemos esa oportunidad y desafío. Tenemos para contar la más maravillosa historia que el mundo haya oído. ¿Qué haremos con ella?

II. Somos un pueblo consagrado a Dios

En el versículo 2, leemos que la carta fue enviada a los "santos", palabra que atrae nuestra atención. Si alguno dice que somos "santos" escuchamos por qué lo dice. Pablo escribió esta carta a gente común de Colosas, a los que llamaba "santos". En aquel momento, no era gente que ya hubiera muerto. Tenían su trabajo, su familia, sus luchas y a pesar de todo, a los colosenses se los llama "santos".

Esta palabra puede tener un doble significado. El primero es el de alguien que ha sido separado, de lo cual surge la idea paralela de la santidad.

Dios nos ha apartado par ser su pueblo. Somos salvos por el poder de Jesucristo. El dio su vida por nosotros, muriendo en la cruz y derramando su sangre para nuestra redención. Ahora hemos sido lavados de nuestros pecados y separados para él. Dios nos ha señalado como su propiedad, verdad que necesitamos entender. Por eso, hemos de vivir de manera justa una vida santa, pues ahora tenemos la santidad y justicia de Dios en y por medio de Jesucristo.

¿Es que no tenemos pecado? No es así, porque aunque seamos el pueblo separado y limpiado por Dios, aun caemos en pecado (1 Juan 1:8,10). El mismo Pablo tuvo sus dudas, así como un malentendido con Bernabé, con Simón Pedro y otros. Aunque no somos perfectos, somos el pueblo consagrado de Dios, o sea sus santos.

Una vez Napoleón vio un cuadro de Jesús, pintado por un artista francés. Hizo llamar a ese pintor y le dijo que hiciera un cuadro de Venus, la diosa pagana del amor y la belleza, pero el artista se negó al pedido del emperador diciendo: "Mi pincel, que ha sido usado para un cuadro de Jesús, nunca puede ser rebajado para pintar un cuadro de una diosa romana".

¿En qué medida andamos una vida santa? como Dios nos ha salvado, hoy sabemos que somos su pueblo precioso, que debe honrarle por medio de la vida que llevemos día por día. ¿Lo estamos haciendo?

III. Somos el pueblo dedicado a Dios

En esta frase, hay una palabra adicional: "Fieles hermanos". Somos aquellos que creen, y por lo mismo estamos en comunión unos con otros. De allí que seamos "fieles hermanos". Hemos de ser confiables, y confiados unos con otros. Tenemos en Cristo Jesús una fraternidad espiritual que nos liga entre nosotros.

En nombre de Timoteo, de Epafras (que posiblemente era el pastor y fundador de la iglesia de Colosas), y de Tíquico, que llevó esta carta, nos hacen recordar nuestras relaciones familiares. Los hermanos no siempre se comportan entre sí como debieran. Caín no demostró amor a Abel. Jacob y Esaú tuvieron problemas. Salomón y Absalón no se llevaban bien bajo el mismo techo. Pero en la iglesia, los hermanos deben ser verdaderamente hermanos, dignos de confianza, dando lo mejor de nosotros para la causa del Señor. No podemos ser mezquinos en nuestra fidelidad y servicio unos a otros y al Señor. Hemos de servir fielmente y bien.

El gran cantante italiano Enrico Caruso, murió en 1821. En una ocasión un comité lo invitó a cantar en beneficio de los veteranos de guerra de su país. Le dijeron: "Señor Caruso, ésta no es una gran causa. Pero si usted puede venir, quisiéramos que esté presente. Pero no es necesario que haga lo mejor de su canto en esta ocasión que no es tan importante". El cantor, que no era muy alto, se irguió todo lo que pudo y declaró: "Yo siempre canto lo mejor que puedo". Nosotros somos hermanos dedicados a Dios. ¿Estamos viviendo de acuerdo con ello? Cuando vivimos como "hermanos fieles", se notará la diferencia en todo lo que hagamos.

IV. Somos ciudadanos de dos mundos

Como pueblo precioso de Dios, debemos entender que tenemos una doble ciudadanía. Vivimos en el mundo y al mismo tiempo somos miembros del reino eterno de Dios. Necesitamos un sano equilibrio para permanecer en ambas esferas.

Tenemos una ciudadanía celestial. Estamos "en Cristo". Como hemos sido llamados a ser "fieles hermanos en Cristo", tenemos una ciudadanía espiritual y universal. Cristo es nuestra "atmósfera vital".

Existe cierto tipo de insecto que puede ir hasta el fondo del agua y sobrevivir allí durante horas. Su secreto es que puede crear una burbuja de aire a su alrededor y vivir dentro de ella.

Encontramos nuestra vida en Jesucristo. El nos provee nuestro aire espiritual. Podemos llevar con nosotros un poco de las frescas brisas del paraíso y vivir en Cristo Jesús. Así es como tenemos una ciudadanía espiritual que nos relaciona con todos los cristianos de todos los tiempos.

También tenemos una ciudadanía geográfica limitada. Somos ciudadanos de este mundo, del modo que Pablo escribió a aquellos que estaban "en Colosas". Ellos tenían que vivir en este mundo, aunque no todo fuera agradable. Sabemos que el demonio anda alrededor de nosotros, pero Dios nos ha colocado aquí para ser "sal y luz". Pablo apeló a su ciudadanía romana y nosotros mantenemos la de cada uno de nuestros países. Dios nos ha llamado aquí para ser ciudadanos que realmente hagamos una diferencia que le muestre a los demás.

Recordamos a Colosas no sólo porque Artajerjes, el general y rey de Persia, marchó por esa región. Nos acordamos de esa ciudad por gente como Pablo, Epafras y Tíquico. Recordamos a Strattford en Avon porque Shakespeare nació en ese lugar o a Alcalá de Henares por ser la cuna de Cervantes. Nadie olvidará a Nazaret, porque allí se crió el Señor Jesús.

La gente necesita saber sobre nuestras ciudades porque somos "ciudadanos cristianos" que viven en ellas. Puede ser en Asia, en Sud América en África o en cualquier otro lugar. El hecho es que vivimos en alguno para hacer llegar a todos una demostración de que el lugar es bien conocido porque hay cristianos que viven allí.

V. Somos un pueblo congratulado por Dios

Somos preciosos por causa de los beneficios especiales que recibimos. Casi siempre Pablo usa dos grandes palabras en sus saludos a los lectores. Esas palabras son "gracia y paz".

Recibimos la gracia de Dios. La palabra *xaris* en griego significa el favor especial de Dios, su amor, sus bendiciones, inclusive la alegría que produce. La palabra "gozo" tiene su raíz en "gracia".

José mostró favor hacia sus hermanos en Egipto. Dios lo mostró en gran manera hacia nosotros, aun cuando no lo merezcamos. Por eso, somos un pueblo precioso, porque Dios nos provee con su gracia abundante.

Somos bendecidos por su paz. Pablo dice: "Paz sea a vosotros, de Dios, nuestro Padre y del Señor Jesucristo". Es interesante que Pablo escribió sobre la paz, aun cuando estaba en la prisión. Nerón era el emperador en Roma que pudiera haber hecho matar a Pablo en cualquier momento. ¿Eso le daba miedo? No. Seguía viviendo y testificando con la calma de Dios en su corazón.

Sobre nosotros sobrevienen tormentas de todos lados. Ocurren revoluciones. El mundo se derrumba a nuestro alrededor. Y sin embargo, podemos vivir con la paz del Señor, lo que en hebreo se dice *shalom* y en griego *eiryn,* que proviene de un verbo que significa "unir". En otras palabras, Dios nos une porque hemos sido quebrantados, desunidos, separados. Podemos gozarnos porque Dios repara nuestras vidas quebradas, nos hace fuertes y sanos, nos da su paz interior, junto con su fortaleza y plenitud. Somos el pueblo precioso de Dios porque hemos recibido una comisión de parte de él, hemos sido consagrados a él, le hemos sido dedicados y recibimos bendiciones adicionales de gracia y paz de parte de Dios.

Hemos de colocarnos del lado de Dios. Todos nosotros hemos llegado a ser el pueblo precioso de Dios. Necesitamos recibir a Cristo y permitir que viva en nosotros.

Siempre orando por vosotros, damos gracias a Dios, Padre de nuestro Señor Jesucristo, habiendo oído de vuestra fe en Cristo Jesús, y del amor que tenéis a todos los santos, a causa de la esperanza que os está guardada en los cielos, de la cual ya habéis oído por la palabra verdadera del evangelio, que ha llegado hasta vosotros, así como a todo el mundo, y lleva fruto y crece también en vosotros, desde el día que oísteis y conocisteis la gracia de Dios en verdad, como lo habéis aprendido de Epafras, nuestro consiervo amado, que es un fiel ministro de Cristo para vosotros, quien también nos ha declarado vuestro amor en el Espíritu.

Colosenses 1:3-8

Capítulo 2

Gracias a Dios por ustedes

Existe una historia sobre un pastor que oró al comenzar el culto en su iglesia. La gente se dio cuenta de que siempre agradecía y alababa a Dios por algo bueno que hubiera ocurrido a los demás. Un domingo había nubes de tormenta. Cuando comenzó el culto, se oyó caer la lluvia, sonó el trueno en el cielo, brilló un relámpago y uno de los peores días del año se abatió sobre la gente. Todo el mundo se preguntaba qué iba a decir el pastor.

Cuando él empezó a predicar, dijo: "Señor, te damos gracias de que no todos los domingos son malos como éste". Nuestro texto en Colosenses dice que debemos ser agradecidos al Señor. De hecho aclara que así debe ser "siempre". Los versículos 3 al 8 realmente son una continua oración de gratitud por el pueblo del Señor. Debemos ser agradecidos a Dios unos por otros.

I. Agradecemos a Dios por la fe de los demás

El versículo 4 tiene un poderoso mensaje: "Habiendo oído de vuestra fe". Sabemos lo que significa la fe. Es nuestra confianza, es lo que creemos, es donde reposamos, lo que aceptamos de lo que Dios dice. Nuestra fe en Jesús nos recuerda quién es él y qué ha hecho por nosotros, así como lo que hace ahora mismo. Confiamos en él. Nuestra vida está anclada en él.

¿Nos gustan los rumores? Pablo oyó algunos sobre la gente de Colosas. Él no había estado en esa iglesia y sólo menciona a dos o tres por nombre en la carta. Sin embargo, circulaban rumores sobre su fe. Había oído sobre Epafras y Tíquico. Esas pocas noticias alentaban a Pablo, de modo que agradecía a Dios siempre al orar por ellos.

Aquí hay una interesante expresión sobre la fe en Jesús. Pensamos en la fe como en una forma de llegar hasta Jesús. El idioma griego permite hablar de este tipo de fe por medio de una preposición *(eis),* que da la idea de movimiento hacia una persona o cosa. Pero Pablo usa la preposición *en* que da la idea de ubicación, señalando que Jesús vive *en* nosotros. Nuestra fe ha llegado hasta él y hemos sido unidos al Salvador. En él encontramos nuestro hogar. Pablo dice que agradece porque están tan ligados a Jesús como para que vivan en él.

II. Agradecemos a Dios por el amor hacia otros

De nuevo, miremos cuál es el "rumor" que se menciona en el versículo 4. El apóstol escribe sobre "el amor que tenéis a todos los santos". En este texto la palabra "amor" indica un amor que llega a la entrega y al sacrificio, el áagape. Es la palabra que se usa en Juan 3:16 para indicar el amor de Dios por el mundo. Es un amor que no pasa, que permanece, que es altruista.

La mayoría de nosotros conoce algún tipo de pegamento que une una cosa con otra. Hemos visto publicidad que pretende que así se pueden levantar pesos de una tonelada.

El amor mantiene unido al pueblo de Dios. De hecho, es el único poder que nos mantiene unidos en una fraternidad rica y retribuidora. En 1 Samuel 18:4 se cuenta cómo las almas de David y Jonatán quedaron ligadas, o sea que tenían un amor santo y justo cada uno hacia el otro, a pesar de las divisiones políticas de su tiempo. Así debe ser nuestro amor hoy.

Sin embargo, esta referencia al amor nos perturba, ya que dice que nuestro amor debe ser a "*todos* los santos". Amamos a aquellos con quienes estamos de acuerdo y que hablan nuestro idioma. Es fácil amar a los que concuerdan con nosotros. Pero ¿es lo mismo con "todos los santos"? ¿No es verdad que es una afirmación muy fuerte?

¿Podemos amar a los que se extravían? También a ellos debemos amarlos. En Lucas 15 Jesús contó una historia sobre 99 ovejas que estaban seguras en el rebaño. Una se había extraviado y perdido en la montaña. El pastor amaba a esa oveja y fue tras ella. Debemos amar y buscar a aquellos que se van por otro camino.

¿Y qué diremos de los testarudos, los profanos? Tenemos que amar a todos. Cuando Moisés bajó del monte donde recibió los Diez Mandamientos, encontró al pueblo danzando alrededor de un becerro de oro. Habían pecado y se habían rebelado contra el Señor. Moisés se apuró a orar por esa gente (Éxodo 32:32). A gente como ésa también debemos amarla.

Cierto niño cruzó la ciudad para estar en la iglesia. Alguien le preguntó por qué iba a una iglesia tan lejos de su casa y él contestó: "Voy allí porque allí aman a chicos como yo". Cuando amamos a otros, notaremos una gran diferencia en toda nuestra vida. Agradezcamos a Dios por el amor que podemos dar a otros.

III. Agradecemos a Dios por la esperanza que tenemos

La esperanza no es un deseo indefinido, sino una certeza, un hecho. Algunos han puesto su esperanza en los hechos de la vida. Podemos encontrar aliento en nuestros trabajos, nuestras casas, nuestras familias, la nación y muchas cosas más. Pero el texto nos recuerda que necesitamos tener una esperanza puesta en los cielos. Eventualmente perderemos todo lo que está en este mundo. Sólo durará lo que está arriba.

El texto dice: "que os está guardada en los cielos". La palabra "guardada" que se usa aquí es la misma que se encuentra en Lucas 19:20, que se refiere a un hombre que tomó el talento que le habían puesto a su cargo y lo enterró. Literalmente dice que lo "guardó", pero no en el cielo y en realidad tampoco pudo usarlo.

Nuestra esperanza debe estar en la casa del tesoro divino. Lo que está "arriba" está seguro de todo lo que pueda ocurrir en este mundo.

Tenemos una esperanza cierta del cielo. Jesús habló de ello en Juan 14, y es una gran bendición tener ese lugar que nos espera.

También tenemos la esperanza de un nuevo cuerpo. Este se gastará y a su tiempo morirá. Cuando pasan los años, comenzamos a decaer y aun los jóvenes mueren de cáncer o ataques cardíacos, o leucemia. El plan de Dios es darnos un cuerpo nuevo e inmortal. Recordemos esta esperanza que es mencionada por Pablo.

Tenemos la segura esperanza de un alma perfecta. Hoy tenemos que luchar contra el pecado, pero cuando estemos "del otro lado" seremos libres de toda propensión hacia el mal. Satanás no podrá tocarnos. El mundo pecador quedará aislado del cielo y no podrá tener atractivo alguno para nosotros. Estaremos en un mundo libre de pecado. Esa es nuestra esperanza.

John Knox, el gran reformador de Escocia, murió en 1572. Produjo allí un gran cambio que influyó en toda Europa. Se arrodilló en las playas de su país natal y clamó: "Señor, ¡dame a Escocia o me muero!" Y Dios contestó su oración.

Cuando tenía 58 años y estaba en su lecho de muerte, alguien le preguntó qué esperanza tenía para el futuro. Él estaba demasiado débil como para hablar. Levantó un brazo tembloroso y señaló hacia el cielo, volvió a caer en la cama y murió. Señaló el lugar de nuestra esperanza. Agradecemos al Señor por esa esperanza que tenemos en el cielo.

IV. Agradecemos al Señor por el progreso del Evangelio

En los versículos 5 y 6, Pablo habla de la palabra de verdad, el evangelio, que había llegado a los colosenses y llegado "a todo el mundo", produciendo fruto. Sabemos que "la palabra de Dios no volverá vacía".

Nos agrada la idea del fruto que producen los árboles y las plantas: manzanos, algodón, trigo, maíz y los demás vegetales. ¡Y también el evangelio! Y agradecemos a Dios de que el evangelio ha hecho su impacto en este mundo.

El evangelio nos llega a nuestra vida interior. Nos hace crecer. Vemos cómo otros crecen espiritualmente. Estos santos del Señor eran cada día más como Jesús. Tenemos el "fruto del espíritu". Nuestras vidas se hacen nuevas y hermosas para el Señor. Agradecemos a Dios por nuestro crecimiento interno.

El evangelio crece en lo externo. Llegaba en los días de Pablo "a todo el mundo". Por supuesto, se refería al valle que rodeaba a Colosas. Quería señalar que el evangelio había tenido su impacto en el Asia Menor y en la ciudad de Éfeso, donde él había servido antes.

Posiblemente Jesús se refirió a este crecimiento externo del evangelio en Mateo 13 cuando habló de la semilla de mostaza (13:32). Esa semilla produce un árbol tan grande que los pájaros vienen y encuentran un lugar para descansar en sus ramas. El evangelio llega hasta otros.

Por un tiempo fui pastor en la pequeña ciudad de Makallé, en noreste de Argentina. Mientras estaba en esa población, encontré a un hombre que vivía treinta kilómetros más allá en medio del monte. Había hecho estudios bíblicos en su casa por quince o veinte años. Los pastores no querían bautizar a ese hombre convertido porque había tenido un fracaso matrimonial en la adolescencia y en ese país entonces no había divorcio. Tuve la alegría de bautizarlo, junto con algunos de su familia y amigos. El servicio tuvo lugar en presencia de una gran multitud en el río Negro, no lejos de Makallé. Ciertamente el mensaje de Dios va por todo el mundo y cada uno de nosotros puede ser partícipe en la tarea de llevar ese poder salvador de Jesús a otros. Agradecemos a Dios por cada uno de los que testifican sobre Cristo.

V. Agradecemos a Dios por los que colaboran en su causa

Los versículos 7 y 8 nos recuerdan otra vez a Epafras. Pablo lo llama "nuestro consiervo amado, que es un fiel ministro de Cristo".

El apóstol vivió y trabajó en Efeso, en el Asia Menor, en los años 53 a 55. Durante ese tiempo, conoció a Epafras que vivía en Colosas. Debe haberse convertido bajo el ministerio de la predicación de Pablo. Probablemente era el pastor y líder de la iglesia. En Filemón 23 se nos dice que cuando visitó a Pablo debe haber estado también en la prisión. En esa carta se hace referencia a él como "compañero de la prisión". Así es como Epafras nos muestra el camino para vivir en cooperación con otros en el esparcimiento del evangelio.

La palabra "ministro" tiene la idea de alguien que cumple una misión con tanta rapidez que levanta el polvo al avanzar. Casi es una palabra sobre una carrera. Necesitamos practicar este tipo de cooperación y ser compañeros en el servicio de Cristo. Debemos estar en armonía y dar a otros las nuevas del poder del Espíritu Santo tal como se lee en Colosenses 1:8.

Todos nosotros podemos ser motivo de gratitud al Señor. Podemos colocarnos hoy en esa línea y decir: "Cuéntenme como alguien por quien otros pueden agradecer a Dios". Podemos responder con la fe en Cristo y estar entre aquellos que comienzan un "movimiento de acción de gracias" en cualquier lugar que estemos. Eso ocurre cuando creemos, cuando amamos, cuando mantenemos una esperanza de vida, cuando esparcimos el evangelio y cuando cooperamos los unos con los otros en la gran causa sobre este planeta Tierra.

Por lo cual también nosotros, desde el día que lo oímos, no cesamos de orar por vosotros, y de pedir que seáis llenos del conocimiento de su voluntad en toda sabiduría e inteligencia espiritual, para que andéis como es digno del Señor, agradándole en todo, llevando fruto en toda buena obra, y creciendo en el conocimiento de Dios: fortalecidos con todo poder, conforme a la potencia de su gloria, para toda paciencia y longanimidad; con gozo dando gracias al Padre que nos hizo aptos para participar de la herencia de los santos en luz; el cual nos ha librado de la potestad de las tinieblas, y trasladado al reino de su amado Hijo, en quien tenemos redención por su sangre, el perdón de pecados.

Colosenses 1:9-14

Capítulo 3

La oración provechosa

El abuelo de mi esposa murió de cáncer a los noventa años. Durante dos o tres semanas antes de morir, oraba: "Señor, permíteme morir, permíteme morir".

En la Biblia, se indica cuál es el motivo de una oración. La gente ora en muchas circunstancias. Algunos lo hacen para ganar la lotería, hay quienes oran pidiendo una esposa o un marido, otros oran por salud, por trabajo o por éxitos en los estudios.

Debemos volver a leer lo que nos dice la Escritura en Colosenses. Este pasaje nos enseña cómo orar de una manera provechosa y meritoria. Es un modelo para nosotros. Cuando seguimos el ejemplo de Pablo, aprendemos cómo hacerlo.

I. Necesitamos orar pidiendo la voluntad de Dios

Fijémonos en el versículo 9. Pablo dice que él nunca deja de orar por la gente de aquella iglesia de Colosas. Dice que su deseo es que sean llenos del conocimiento de la voluntad de

Dios. Estas palabras nos dan unos enfoques interesantes. Se dirigen a todos los cristianos, y no hemos de dejar a nadie afuera cuando se trata de la voluntad de Dios. El joven y el adulto, el hombre y la mujer, el niño y el anciano, todos están incluidos aquí. Hay un lugar para el oprimido y otro para el hombre libre.

La palabra "llenos" significa "dominados". No necesitamos un conocimiento parcial de la voluntad de Dios. Necesitamos un entendimiento claro y total de su voluntad que es para nosotros ciento por ciento. Quizá nuestros bolsillos, no estén llenos de dinero, ni nuestras casas con muebles nuevos. Sin embargo, oramos de ser llenos del conocimiento de la voluntad divina.

Podemos buscar y encontrar esa voluntad. En ella se contiene el propósito de Dios, su designio, su plan para cada uno de nosotros. El conocimiento de la voluntad de Dios incluirá todo lo que quiere que seamos y hagamos. Alcanzamos el mayor potencial de la vida cuando nos colocamos en el centro de la voluntad de Dios y caminamos por la senda que él tiene para nosotros.

Recordemos la historia de la conversión de Pablo. En Hechos 9:6 se le oye decir: "Señor, ¿qué quieres que haga?" Cuando hacemos esa pregunta al Señor y seguimos lo que él nos responde, entonces estamos andando en su voluntad. Dios tiene un propósito para nuestra vida en la escuela, en el hogar, en el trabajo, en las vacaciones y en cualquier otra actividad. Si estamos interesados en una oración sincera, digamos a Dios: "Señor, haz que cumpla tu voluntad". Que ese sea el impulso de nuestra oración.

II. Necesitamos orar para andar dignamente ante el Señor

La palabra "digno" o sus derivados aparecen treinta y dos veces en los escritos de Pablo. Nunca significa que ganamos o alcanzamos nuestra salvación por un estilo de vida. La palabra "digno" no significa que merecemos la salvación o estar en la presencia de Dios. Andar "como es digno" simplemente quiere decir que llevamos la vida que recibimos de Dios por medio de la fe de tal manera que corresponda a un hijo de Dios todos los días a lo largo de toda la vida. Debe ser nuestro deseo el andar y hablar como santos redimidos de Dios. Hemos de desear una conducta que honre al Señor. Podemos tener esa vida por medio del Espíritu de Dios que nos da evidencia de nuestra relación con el Señor.

La vida digna es la que agrada a Dios. En el versículo 10, Pablo usa la palabra "agradándole". ¿Tratamos de agradar a otros por medio de nuestra vida? ¿Acaso quienes juegan a algún deporte no tratan de agradar a sus entrenadores? Jesús decía de sí mismo: "Siempre hago lo que agrada a mi Padre". A nosotros nos corresponde seguir su ejemplo.

En el margen de una página de un viejo libro, Abraham Lincoln escribió:

El libro y la pluma
de Abraham Lincoln
buenos han de ser
pero ¡sólo Dios sabe cuándo!

Debemos borrar todos los signos de interrogación sobre cuándo hemos de agradar a Dios. Esta debe ser nuestra experiencia diaria y normal. Esa es la forma digna de andar.

Nuestro andar es digno del Señor cuando tenemos una vida fructífera. La Escritura dice que tenemos que llevar fruto en toda buena obra. Podemos ver huertas que tienen frutos. A veces pasamos frente a arboledas donde hay cantidades de frutos. Notemos lo que quiere decir esa expresión de traer fruto en toda buena obra. Debemos estar ocupados ayudando a otros, manteniendo nuestra vida en orden, ganando a otros para la fe en Jesús, limpiando los baños o cualquier parte del templo, más que en nuestras propias casas, y haciendo todo aquello que honra al Señor de la manera que él lo desea.

Una joven criada dijo una vez: "Ahora me he convertido. La señora de la casa también lo sabe, porque ahora limpio las alfombras y nunca escondo el polvo debajo de ellas". Eso es un ejemplo de cómo ser fiel en toda buena obra.

Una forma digna de andar es la que aumenta el conocimiento del Señor. El versículo 10 afirma: "Creciendo en el conocimiento del Señor". Dios es grande y nosotros sabemos cómo muestra compasión hacia nosotros, aunque lo sabe todo y es el soberano. Nunca podemos agotar nuestra comprensión del Señor, sino que necesitamos saber cada vez más sobre él. Así es como la vida digna es la que continuamente aprende más sobre Dios. Podemos leer algo sobre los maravillosos hechos de Dios en 1 Crónicas 16. Podemos explorar la Biblia día tras día y descubrir más cosas sobre él. Podemos leer el libro de los Salmos y encontrar más verdades sobre Dios. Quien anda en forma digna siempre aprende más sobre él.

III. Necesitamos orar pidiendo más poder

La verdadera oración nos hace más fuertes, porque no hemos de permanecer débiles y desvalidos. Los cristianos tienen la promesa de que han de recibir fortaleza.

Casi nos atemoriza el versículo 11: "fortalecidos con todo poder". Estas palabras podrían expresarse diciendo: "siendo dinámicamente fortalecidos con todo el poder divino por la plenitud del poder de Dios". De hecho, las palabras que se refieren al poder se repiten en este versículo para enfatizar que Dios quiere que su pueblo sea fuerte. Pablo afirma que podemos ser fortalecidos "conforme a la potencia de su gloria". El glorioso poder de Dios se demostró en la creación y fue el que levantó a Lázaro de entre los muertos, que calmó las tempestades, que sacó a Jesús de la tumba. ¡Esa es nuestra herencia! Podemos ser hechos fuertes por ese poder de gloria.

Podemos tener fortaleza de modo que lleguemos a ser pacientes. Pablo dice que el fin de ese poder de Dios es "para toda paciencia y longanimidad". Para algunos, eso puede sonar como bajar la guardia. ¿Es que necesitamos de la ayuda de Dios para tener paciencia? Por cierto que sí. Así lo dice el versículo. A veces perdemos un ómnibus y tenemos que esperar otro. En otros casos, precisamos hablar por teléfono y está descompuesto. Y en otros pasamos un mal rato con la esposa o los hijos. O nos atiende mal el que vende en la verdulería, o no hay el producto que queremos. Y en una de ésas nos sale alguna expresión de fastidio como "¡diablos!" Necesitamos el poder de Dios para tener paciencia. Lo necesitamos todos los días para no explotar.

Además, Pablo dice que precisamos ese poder para alcanzar "longanimidad", que significa que la paciencia ha de ser tan amplia que alcance a todo. La idea de "paciencia" se refiere más bien a cosas o situaciones, mientras que aquí se trata más bien de personas. En ambos sentidos, necesitamos la ayuda de Dios. ¿No es cierto que nos sentiríamos mucho mejor si no tuviéramos que estar siempre adaptándonos a los demás? Para eso se precisa paciencia. Pero ¿cómo puede ocurrir ese milagro? Sólo por medio del poder de Dios podemos ser fortalecidos día tras día. Pidamos a Dios que nos ayude hoy.

Necesitamos el poder de Dios para que ello ocurra con alegría. Eso es lo que dice la Biblia. Debemos tener paciencia "con gozo". Esa palabra nos recuerda que necesitamos la fortaleza que produzca ese resultado. Es posible amargarse por las presiones, al sentirnos confundidos o con deseos de gritar. O podemos cerrar la boca pero sentirnos desdichados.

El texto dice que debe ser "con gozo". Eso significa que la próxima vez que nos pisen o que debamos esperar media hora en una cita, podremos gritar "¡Aleluya! ¡Me han pisado o tengo que esperar media hora, pero tengo el poder de Dios que me ayuda!" Pidamos a Dios ese maravilloso poder, sea para cinco minutos, sea para un mes, pero lo importante es que toda nuestra vida haya cambiado.

Podemos preguntarnos si es posible. No olvidemos que Pablo escribía mientras estaba en la cárcel, donde se mantenía gozoso todo el tiempo. Hoy también podemos tener ese poder. Nuestro ser interior puede estar plenamente lleno de esa fortaleza.

IV. Necesitamos orar con acción de gracias

Los versículos 12 al 14 tienen más contenido del que podemos imaginar. Son como un tren de carga. Nos muestran cómo orar con acción de gracias.

Estamos agradecidos a Dios porque él nos hace aptos para una herencia eterna. "Nos hizo aptos para participar de la herencia de los santos en luz". El Señor nos da nuestro título de posesión para el cielo y la eternidad.

Las tribus de Israel esperaban con ansia su entrada a la Tierra Prometida para establecer sus nuevos hogares. Esa promesa fue dada primero a Abraham. Pero nosotros tenemos una herencia que es mejor que cualquier posesión terrena. Agradecemos a Dios por ese hogar futuro. El Señor nos califica para esa herencia gracias a nuestro nuevo nacimiento, por el perdón de los pecados que recibimos por medio de la fe.

Agradecemos a Dios por nuestra liberación del dominio de Satanás. Notemos las palabras del versículo 13. Dios nos libró del poder de las tinieblas. La autoridad o poder de Satanás nos ha enceguecido. Hemos estado caminando como ciegos, acercándonos a un precipicio, cerca de la muerte eterna. Por su glorioso poder, hemos conocido la liberación y la salvación de esa "noche oscura del alma". Gracias a Dios por esta obra que nos ha sacado de las tinieblas.

Agradecemos a Dios por una nueva ciudadanía. Nos ha transferido al reino de su amado Hijo (v. 13). Los hebreos sabían bien lo que era estar en tierra extranjera. Poderes extraños como los egipcios, los asirios y los babilonios los mantuvieron en esclavitud durante siglos. Dios los llevó de regreso hasta él.

Vivimos en el territorio de Satanás cuando estamos sin Jesucristo. En él tenemos un pasaporte a una nueva nación, pues llegamos a ser ciudadanos del reino eterno de Dios.

Agradecemos a Dios porque hemos sido redimidos. El versículo 14 dice: "en quien tenemos redención por su sangre". El precio de nuestra salvación ha sido pagado por Jesucristo. El derramó su sangre en la cruz a nuestro favor.

Levítico 17:11 dice: "La vida de la carne en la sangre está". Y también leemos: "Sin derramamiento de sangre no hay remisión de pecados". Nuestros pecados han sido lavados gracias a la sangre vivificadora de Jesús que ha sido derramada por nosotros. No nos avergoncemos de cantar y testificar sobre la sangre de Jesús que nos trae redención. Ya no pende sobre nosotros nuestra condenación de muerte. Hemos sido liberados por Jesucristo. Él es nuestro Libertador, nuestro Dador de vida. Gracias demos a Dios por el precio pagado por nuestra vida en él.

Alabamos y agradecemos a Dios por el perdón de nuestros pecados. Pablo agrega otra nota de victoria a nuestra salvación cuando dice que ahora tenemos el perdón de nuestros pecados. Se han ido para siempre. Es una verdad que ya fue proclamada en el Salmo 103:12 y en Miqueas 7:19. El mismo mensaje es dado en Mateo 26:28 y en 1 Juan 1:7.

¿Cuánto hace que hemos orado y sentido nuestra alma plenamente bendecida por Dios? Podemos hacerlo pidiendo el conocimiento de la voluntad de Dios, una conducta que honre al Señor, el poder que necesitamos en nuestra vida diaria y un corazón agradecido a Dios por su gloriosa redención en Jesucristo. Leamos una y otra vez la oración de Pablo en Colosenses y respondamos al desafío que representa.

Él es la imagen del Dios invisible, el primogénito de toda creación. Porque en él fueron creadas todas las cosas, las que hay en los cielos y las que hay en la tierra, visibles e invisibles; sean tronos, sean dominios, sean principados, sean potestades; todo fue creado por medio de él y para él. Y él es antes de todas las cosas, y todas las cosas en él subsisten; y él es la cabeza del cuerpo que es la iglesia, él que es el principio, el primogénito de entre los muertos, para que en todo tenga la preeminencia...

Colosenses 1:15-18

Capítulo 4

Cristo sobre todo

Todos conocemos el nombre de José Stalin. Nació en Georgia, una pequeña nación cerca de Rusia, de modo que era parte de un grupo étnico minoritario. Su padre trabajaba como zapatero remendón y murió de alcoholismo cuando su hijo tenía once años. Su madre quería que fuera sacerdote y lo mandó a un seminario.

Las autoridades de éste expulsaron al joven estudiante de los cursos por sus actividades revolucionarias. Durante algunos años, su "hogar" fue el campo de trabajos forzados en Siberia, pero se escapó y llegó a intervenir en la revolución bolchevique en 1917. Cuando Lenin murió en 1924, Stalin se convirtió en líder del Partido Comunista. Por medio de una serie de purgas y la matanza de miles de personas, llegó a ser primer ministro de Rusia hasta su muerte en 1953. Quería ser la persona más destacada del mundo. Sin embargo, nadie puede mantener esa posición de poder y prestigio para siempre, porque él como todos llegan al final del camino.

La carta a los Colosenses declara sin duda que Jesús es supremo y que siempre lo será. Los versículos 15 al 18 así como el mensaje de toda la epístola paulina declara la preeminencia o supremacía de Jesús. Es el número uno, el primero. Debemos permitirle que lo sea en nuestras vidas. Es necesario que él sea central en la vida de la Iglesia. A él le damos la honra, la alabanza y la gloria.

Ese pasaje nos indica que Jesús es supremo en relación con Dios, que es supremo en relación al universo, que es supremo en relación a la iglesia, y que por lo tanto debemos darle siempre su lugar de supremacía.

I. Es supremo por revelarnos a Dios

Jesús vino para que el hombre conozca a Dios. Nos muestra cómo es Dios, quién es él. El hombre ha estado buscando a Dios siglo tras siglo. En Jesús hacemos el gran descubrimiento de Dios.

El es la imagen exacta de Dios. El versículo 15 declara que Jesús "es la imagen del Dios invisible". Nadie ha visto a Dios. En 1 Timoteo 1:17 y en Hebreos 11:27 se declara que Dios no es visible, porque es espíritu. No tiene rostro como los seres humanos, ni tampoco manos o cuerpo. Sin embargo, Jesús nos hace presente al Dios invisible, como para ponerlo al alcance de todos los creyentes.

¿Cuál es el camino por el cual podemos "ver" a Dios si no podemos verlo? Jesús dijo a Felipe: "El que me ha visto ha visto al Padre" (Juan 14:9). Jesús es la verdadera "fotografía" de Dios. La palabra griega *eikon* significa una imagen exacta. Jesús es Dios en carne humana, Dios encarnado.

En Génesis 1:26 se declara que Dios hizo al hombre a su imagen, pero luego escuchó la voz de Satanás y pecó. El pecado estropeó esa semejanza moral con Dios. De allí que todos nazcamos en pecado como hijos de Adán. La semejanza moral con Dios se ha esfumado. Cada parte de nuestro ser ha sido manchada por el pecado. Queremos comunión con el

Dios eterno, pero las puertas se han cerrado por nuestra condición pecaminosa natural. ¿Cómo volveremos a Dios?

Jesús vino como un segundo Adán. Nunca pecó. Como Dios hombre, Jesús es la suprema revelación de Dios. Ha venido para que tengamos redención y restauración. Vino para que tengamos el perdón, la santidad y la justicia de Dios. Como Dios hombre, Jesús es la respuesta a nuestra mayor y más básica necesidad. Hace que Dios sea cognoscible y alcanzable para todos los que se llegan a él en arrepentimiento y fe. Jesús es la imagen de Dios, Dios en carne humana.

Jesús es la plenitud de Dios. El texto declara que es"el primogénito de toda creación". Esta afirmación se refiere a la secuencia en los honores de Jesús, o sea que él es único y anterior a todo lo demás. Es diferente a todo porque es Dios en carne. Es plena y totalmente Dios. También es plena y totalmente hombre. Vino al mundo como el bebé de Belén, transformándose en una criatura. O sea que Dios hizo para Jesús un cuerpo físico de modo que podamos verlo en la carne así como también oírle y al mismo tiempo saber que es más que un mero ser humano. Es el primero entre todos los seres humanos porque está fuera de toda categoría. Está más allá del hombre y de los ángeles porque es el Señor, es Dios.

En Juan 1:1 se declara que "en el principio era el Verbo, y el Verbo era con Dios, y el Verbo era Dios". La frase "el Verbo era Dios" no puede ser traducida diciendo que Jesús era "un dios" como han hecho en forma antibíblica los testigos de Jehová. Eso es torcer las Escrituras, lo que trae la propia destrucción prometida a todos los que distorcionan la Palabra de Dios (2 Pedro 3:16). En Juan 1:1 se dice que "el Verbo era Dios". Esto significa su divinidad. Tiene todas las características del Padre. Si no fuera así, ¿cómo podría haber dicho Jesús que quien le ve a él ve al Padre? Es la deidad en carne humana y no una extensión" de Dios, ni una "emanación" de Dios. Es el Dios eterno y verdadero en carne humana, ahora glorificado.

William Barclay dice que Jesús no es un simple y breve esquema o resumen de Dios, sino que es plenamente Dios en carne humana. En Juan 1:14 se pone énfasis en la gloriosa realidad de la deidad de Cristo: "Y el Verbo fue hecho carne, y habitó entre nosotros, y vimos su gloria, gloria como la del unigénito del Padre, lleno de gracia y de verdad". En Miqueas 5:2 dice que Jesús es el Cristo eterno, cuyas salidas han sido desde el principio, desde la eternidad. Que nadie se aleje de la verdad de quien es Jesús. Más de quinientos años de su nacimiento, el profeta del Antiguo Testamento (Miqueas) dijo quién era él y dónde habría de nacer. Es el Cristo eterno, imagen eterna de Dios antes de su nacimiento físico, durante su vida terrenal y su ministerio y ahora como Señor y Cristo ascendido a los cielos. Jesús es la imagen espiritual de Dios, el supremo revelador de Dios.

II. Es supremo por su relación con el universo

Ahora Jesús está glorificado. Al mismo tiempo, él es Señor sobre toda la creación. Cristo es supremo sobre todo lo que vive, sea animado o inanimado.

Jesús fue el agente de la creación, como dice el versículo 16: "en él fueron creadas todas las cosas". Esta verdad descarta la teoría de la evolución, inclusive de la llamada "evolución teísta". Según Génesis 1:1 y Colosenses 1:16 Jesús es colocado como punto central de la creación. No estamos en un cosmos surgido de la casualidad. Cualquier atisbo inteligente en las maravillas del universo indica que hay un Creador más allá de lo creado, un Diseñador detrás de lo diseñado, un Planeador detrás de lo planeado.

Conocemos nueve planetas en nuestro sistema solar. Marte es nuestro vecino más cercano. Tiene la mitad del tamaño de la tierra y está a cincuenta millones de kilómetros. El sol es uno de los millones de estrellas de la galaxia de la Vía Láctea. La tierra gira alrededor del sol a cien mil kilómetros por hora, terminando su recorrido en 365 días. Estamos a la distancia correcta del sol, como para no quemarnos y bastante cerca como para no helarnos. La tierra está en un ángulo de veintitrés grados en relación al sol de modo que los rayos se equilibran para que podamos sobrevivir. Todos esos intrincados diseños de nuestra existencia sobre el planeta Tierra nos hablan de un Diseñador perfecto que está detrás de la creación.

Nuestro sol es una estrella de tamaño medio que según algunos científicos tiene casi cinco millones de años. Sobre la superficie del sol, los gases están ardiendo siempre, lo que nos da luz y calor y todos los demás "secretos" de nuestra existencia. ¿Surgió todo esto sólo de un gran estallido o de algún misterioso movimiento de átomos? Los libros de ciencia nos dicen mucho sobre la creación, pero sólo la Biblia nos da la respuesta sobre cómo llegó a ocurrir. El apóstol Pablo escribe una clara afirmación: "Por él fueron creadas".

Nuestra imaginación no puede captar lo enorme de la creación. El texto de Colosenses 1:16 declara que "todas las cosas" incluyen a las que podemos ver y a las que no podemos ver. Aun los poderes angelicales y demoníacos tienen su origen en el Señor. El espacio inanimado provino del Padre por medio de Jesús.

En el Salmo 19 David escribió que "los cielos proclaman la gloria de Dios y el firmamento anuncia la obra de sus manos". En otra parte, el Salmo 104:24 encontramos al salmista exaltando las multiformes obras de Dios: "¡Cuán innumerables son tus obras, oh Jehová! Hiciste todas ellas con sabiduría". Cuando nos preguntamos el porqué de la creación del universo, Pablo nos da una respuesta: "para él". El versículo 16 dice que ha sido para la gloria de Dios y para sus propósitos.

Jesús es supremo en relación al universo porque es antes de todas las cosas. Ha vivido eternamente. Es el eterno "Yo soy". Vivió antes que Abraham, que estuvo en la tierra dos mil años antes que Jesús (Juan 8:58). Recordamos la historia de los cinco mil que fueron alimentados con cinco panes y dos peces. Después de comer, recogieron doce cestas, una para cada apóstol. Entonces Jesús dijo a los judíos: "Yo soy el pan de vida que ha venido del cielo". Jesús dijo que era el maná que había caído en el desierto por cuarenta años para que lo comieran los hebreos. Es el pan eterno de Dios. Nunca podremos poner un límite de tiempo a Jesús porque es eterno.

Jesús es supremo sobre todas las cosas porque él las mantiene juntas. El versículo 17 declara que "todas las cosas en él subsisten". O sea que todo es mantenido en su lugar por Jesucristo. Las leyes naturales y científicas no son sino una expresión de la mente de Dios. Esas leyes han organizado al universo.

El cosmos, la creación ordenada se desintegraría en caos sin Cristo. Toda la creación se desparramaría si Jesús retirara su presencia y poder del mundo por un segundo. El es supremo sobre toda la creación.

III. Es supremo en relación a la Iglesia

La Iglesia es la comunión del pueblo redimido por Dios. Cuando recibimos a Jesús como Señor y Salvador, Dios nos hace miembros de su iglesia, de su familia. Jesús dijo que la iglesia durará hasta que él vuelva y la lleve consigo (Mateo 16). La Iglesia universal está constituida por todos los redimidos de todos los tiempos y de todos los lugares, tanto en el cielo como en la tierra. La iglesia local es el conjunto de creyentes reunidos que alaban al Señor y le sirve en múltiples formas.

Jesús guía la iglesia. Es su Cabeza. La iglesia es el cuerpo de Cristo aquí en la tierra. Es la cabeza que da guía a su pueblo. Mi cabeza dice a mi cuerpo lo que debe hacer. Mi cabeza o mi mente dicen a mis pies: "Llévame a casa" y mis pies comienzan a moverse. Mi cabeza dice a mi lengua: "Deja de hablar" y a veces lo hace. La cabeza controla al cuerpo. Nos damos órdenes a nosotros mismos porque la cabeza tiene esa autoridad y capacidad.

Jesús quiere guiar a su iglesia. Quiere que cumplamos la misión que le ha asignado. Quiere que testifiquemos a través de su trabajo. Quiere que recorramos las calles y compartamos las nuevas del poder de Dios para salvación. En Hechos 9:9-12 leemos que el Señor dijo a Ananías que encontrara a un hombre llamado Saulo de Tarso. Dijo que lo encontraría en una calle de la ciudad de Damasco. Tenía sus planes para ese hombre. Debemos ser específicos y buscar a gente que conozcamos. Esa es nuestra misión. Alcanzamos a la gente donde está, donde vive, y en la condición espiritual en que se encuentra. ¿No nos guía Jesús hoy como en el pasado? Catorce años después de su conversión Pablo hizo su primer viaje misionero. El Salvador le dio indicaciones sobre cómo hacerlo. Dios nos guía en nuestra misión para él.

Nos guía como Cabeza del cuerpo, que es la iglesia, cuando disciplinamos y enseñamos a la gente. Debemos estar arraigados y fundados en la verdad para no ser "llevados por todo viento de doctrina" (Colosenses 2:7; Efesios 4:14). Nuestro pueblo necesita aprender. Por eso tenemos estudios bíblicos, predicación y comunión. Necesitamos estar equipados y crecer como creyentes maduros delante de Dios.

Necesitamos alentarnos unos a otros. Eso es un gran ministerio. Somos "un cuerpo". No estamos divididos. Nos mantenemos juntos contra las artimañas de Satanás y del mundo. Aun cuando no siempre estemos todos de acuerdo, seguimos siendo "un cuerpo". Luchamos por la unidad de la fe y nos alentamos unos a otros de esa manera.

Jesús nos guía para ser una iglesia bien constituida. Pablo escribió que todo debe hacerse "decentemente y en orden". Necesitamos saber cómo administrar la obra del Señor. Clelia Machinandiarena es una de las santas del Señor en la Argentina. Trabajó en la capital, en la ardiente zona del Chaco, en las regiones frías del Sur y por toda América Latina. Como presidenta de la Unión Femenil continental lleva acabo una tarea fenomenal. Es una líder de mente misionera, que evangeliza y dirige a la gente para su crecimiento, así como una excelente administradora. Toda iglesia necesita obreros incansables como ella. Jesús nos guía en todos estos aspectos y en muchos otros como miembros de su cuerpo. La iglesia debe escuchar la voz del Espíritu de Dios y hacer todo lo que debe ser hecho. "Empujamos juntos" cuando oímos el desafío de Jesús y realizamos su obra como iglesia.

Jesús garantiza la vida de la iglesia. Es el "primogénito entre los muertos". Otros han sido levantados a la vida por el poder milagroso de Dios antes de la venida de Jesús. El mismo Salvador levantó a Lázaro de entre los muertos. Pero Jesús fue el primero en ser levantado de la tumba para no volver a morir. Y ahora él vive eternamente. Después de su muerte en la cruz, Jesús volvió a la vida y sigue viviendo en su cuerpo levantado, inmortal y glorificado. Es el dador de nuestra vida. Nos garantiza que nosotros también volveremos a vivir. Por eso Cristo es supremo en su relación con la iglesia.

Jesús es preeminente como revelador de Dios. Es supremo sobre el universo y sobre la iglesia. Tiene derecho a ser supremo en nuestras vidas. Lo que hemos de preguntarnos es si le hemos permitido llegar a serlo.

Por cuanto agradó al Padre que en él habitase toda plenitud, y por medio de él reconciliar consigo todas las cosas, así las que están en la tierra como las que están en los cielos, haciendo la paz mediante la sangre de su cruz. Y a vosotros también, que erais en otro tiempo extraños y enemigos en vuestra mente, haciendo malas obras, ahora os he reconciliado en su cuerpo de carne, por medio de la muerte, para presentaros santos y sin mancha e irreprensibles delante de él; si en verdad permanecéis fundados y firmes en la fe, y sin moveros de la esperanza del evangelio que habéis oído, el cual se predica en toda la creación que está debajo del cielo; del cual yo Pablo fui hecho ministro.

Colosenses 1:19-23

Capítulo 5

Reconciliados con Dios

El hermoso país de Irlanda tiene unos doscientos kilómetros de ancho y trescientos desde el norte hasta el sur. Algo triste sobre esa parte de las Islas Británicas es que la guerra ha continuado allí por mucho tiempo a pesar de todos los esfuerzos para alcanzar la paz.

Irlanda nos recuerda nuestra rebelión contra Dios. Estamos en una gran batalla que se lucha entre Dios y el hombre. Este necesita escuchar la invitación de Dios y volver a su Señor. Necesitamos ser reconciliados con Dios. En este pasaje "reconciliado" significa ser vuelto a la armonía, estar plenamente en buena relación. Nos preguntamos cómo eso puede llegar a ocurrir.

I. Es posible por la venida de Jesús al mundo

Él es Dios "manifestado en carne" (1 Timoteo 3:16). En 2 Corintios 5:19 se declara que "Dios estaba en Cristo reconciliando consigo al mundo". Dios nos ha visitado en la persona de su Hijo. Dios entró adonde vivimos y su presencia nos abre la posibilidad de la reconciliación con el Padre.

La presencia de Jesús en la tierra ha sido una experiencia placentera. El Salvador nunca consideró que su encarnación era una época desdichada y perdida de su vida. Dios se gozó al venir Jesús al mundo. El texto declara que eso "agradó al Padre". Dios vio toda la vida de Jesús en el mundo con gozo y placer.

La historia del hijo pródigo en Lucas 15 atrae nuestra atención. Ese padre tenía el corazón quebrantado cuando su hijo dejó el hogar. Sufrió agonías incontables al saber de aquellos años perdidos de su hijo. Pero Dios sabía que Jesús no había venido al mundo por su rebelión, sino por su sumisión a la perfecta voluntad divina. Tenía una misión que cumplir. Por eso Dios se gozó en el descenso de Cristo al mundo.

La presencia de Jesús en el mundo nos muestra una perfecta manifestación de Dios. Volvemos a notar en Colosenses que "toda plenitud" de Dios estaba en Cristo. La pequeña palabra "toda" indica que nada faltaba de Dios en Jesús.

En Marcos 8:19 se relata un milagro obrado por Jesús. Al partir unos pocos pedazos de pan y alimentar a miles de personas. Cuando todo el mundo hubo comido pan y pescado, los discípulos recogieron doce canastas llenas de lo que había sobrado. La palabra "llenas" significa "hasta el borde". Es el mismo mensaje que en el texto. La plenitud de Dios estaba en Cristo. Toda la gloria, sabiduría y poder de Dios encontró su expresión en el Salvador. Nada de la naturaleza de Dios faltaba en Jesús. Necesitamos redescubrir la magnitud de Dios.

La presencia de Dios era una experiencia permanente en Jesús. O sea que la plenitud de Dios encontró su lugar en él. La palabra "habitase" que figura en el texto indica que Dios estaba continuamente en Cristo. No era como un gitano que viene y va. En Juan 1:14 se declara que "la Palabra fue hecha carne, y habitó entre nosotros". La venida de Jesús abrió la puerta para el proceso de la reconciliación. Sin Dios haciéndose hombre y compartiendo nuestra vida y uniendo la suya con la nuestra, la reconciliación y redención no hubieran sido posibles.

II. Es posible porque Dios dio a Jesús como sacrificio

El mensaje de sacrificio que corre a lo largo de la Biblia está resumido en Jesucristo. Encontramos la historia en Génesis 3, donde Dios hace la promesa de un Redentor. La vemos expuesta en Éxodo 12 en el episodio de la Pascua, cuando tuvo lugar en el sacrificio de innumerables corderos que representaban al Cordero de Dios. Los sacrificios de miles de animales en la dedicación del templo en tiempos de Salomón apuntaban al tiempo cuando terminarían los sacrificios de animales por haberse producido el sacrificio perfecto de Jesús. ¿Quién puede leer Isaías 53 y no captar el mensaje de Jesús como aquel a través del cual tuvo lugar la reconciliación?

La reconciliación llegó a través de la sangre de la cruz. ¿Cómo tenemos paz con Dios? Cuando aceptamos el don de su propio Hijo que nos ha hecho Dios. En Colosenses 1:20 se declara: "haciendo la paz mediante la sangre de su cruz". De ese modo comprendemos el significado de la sangre y el sacrificio. Sabemos que las guerras se luchan y se ganan por el derramamiento de sangre. Cuando hablamos de un soldado, decimos que "derramó su sangre por su país". Sabemos que han sido muchos los que han pagado el precio supremo por la libertad de que hoy gozamos. Damos y recibimos transfusiones. En Levítico 17:11 se declara que "la vida de la carne en la sangre está". Los sacrificios eran puestos sobre el altar como forma de cubrir la expiación de los pecadores. Esa antigua Escritura nos recuerda que es la sangre lo que obra la expiación de nuestra alma.

El Antiguo Testamento tiene ejemplos que fueron sólo modelos de lo que se completó en Jesucristo. Él murió por nosotros en la cruz.

El texto de Colosenses dice que "la sangre de su cruz" reconcilia a los pecadores con Dios. Esa relación no es restaurada por la dignidad de cada uno ni por ceremonias religiosas ni por cualquier cantidad de obras religiosas.

Una canción evangélica declara sin dudar el camino de la reconciliación:

"¿Qué me puede dar perdón?
Sólo de Jesús la sangre".

La reconciliación llega por medio del cuerpo de Cristo. O sea que Jesús murió en carne y, como dice Pablo en el versículo 22, la reconciliación vino "en su cuerpo de carne, por medio de la muerte". Esa afirmación aparece en los escritos de Pablo como un mensaje a los gnósticos, una secta de su tiempo, que negaba la verdadera encarnación de Cristo. Pablo quiere decir: "Jesús tenía un verdadero cuerpo. Sufrió en su cuerpo. Derramó la sangre de su cuerpo. Por eso, somos vueltos a Dios por Jesús, que murió en su cuerpo y derramó su sangre".

El profeta Isaías escribió en el capítulo 53 de su libro que "Jehová quiso quebrantarlo". La reconciliación se ha hecho posible desde que Jesús llevó sobre sí nuestra vida física natural y de esa manera llegó a ser Dios hombre. En una mano abarcó la humanidad y en la otra la divinidad y por medio de su muerte unió a ambos.

III. Necesitamos la reconciliación por nuestra condición

Hay un viejo cuento inglés que habla de un personaje que era sólo un huevo y que se cayó de una pared, rompiéndose. El cantito termina diciendo que "todos los caballos del rey y todos los hombres del rey" no pudieron volver a juntar sus trozos.

¿Cuándo admitiremos nuestra condición de pecadores? ¿Cuándo reconoceremos que estamos padeciendo de "depravación total"? O sea, que cada parte de nuestro ser ha sido dramáticamente afectada por el pecado. En Isaías 1:6 encontramos un resumen de lo que eso significa: "Desde la punta del pie hasta la cabeza no hay en él cosa sana, sino herida, hinchazón y podrida llaga". ¿No es verdad que es una descripción desagradable?

A algunas personas les gusta rastrear en su genealogía. Al respecto, Pablo dice: "Evita las cuestiones necias y genealogías... porque son vanas y sin provecho" (Tito 3:9). Tenemos la genealogía que nos da la lista de los antepasados de Jesús. Esa es la historia que necesitamos, lo que se hace hoy en el campo de la genealogía es básicamente una búsqueda de buenas raíces. Pero nuestra verdadera genealogía es la que nos da Pablo en este texto de Colosenses. Dice que estamos espiritualmente en bancarrota, alienados de Dios, enemigos suyos y culpables de malas acciones. Miremos las tres dimensiones que reflejan nuestra quiebra espiritual.

Estamos alienados de Dios o, como dice el texto, "extraños" a Dios. Eso describe nuestra condición antes de ser redimidos por medio de la sangre de Cristo. Es un participio perfecto pasivo en griego. O sea que este versículo declara que una vez estuvimos errantes en un estado de separación de Dios. Éramos como extranjeros desde que Adán pecó. La raza humana ha nacido en pecado. Desde que aquél fue echado del Edén, nacemos fuera, en medio de cardos y espinas.

En Génesis 4:16, hay una nota interesante sobre Caín que mató a su hermano. El hijo mayor de Adán se fue a la tierra de Nod, al este del Edén. "Nod" significa "lugar donde se está errante". Allí es donde está hoy el hombre, lejos de Dios, errante y, a pesar de todo lo que pretende, solitario, desvalido y separado de su Señor.

El hombre también es un enemigo de Dios, hasta que llega a reconciliarse con él. Así lo afirma la Biblia. Por ejemplo, en Colosenses 1:21 se nos declara "enemigos en vuestra mente". El hombre no reconciliado se rebela contra Dios. No anda en comunión con Él y lo odia. Cuando el Señor preguntó al primer hombre qué había hecho, Adán contestó acusando a Dios: "la mujer que me diste por compañera". En el Salmo 2:1-3 tenemos un cuadro de la enemistad del hombre con

Dios. Los paganos se enfurecen e imaginan vanidades. Se reúnen para decidirse contra el Señor y su Ungido (Cristo) y Dios dice que le ha puesto por rey en la santa montaña de Sion, llamándole su Hijo. También exhorta: "Honrad al Hijo para que no se enoje". Pero el hombre no quiere hacerlo. Tal como lo dice el texto, los pecadores están enojados con Dios.

En muchos lugares, hoy vemos la realidad de este enojo. La gente maldice a Dios y aun hay quienes llegan a la tumba con palabras profanas contra él. ¿Podemos dudar de la quiebra espiritual que eso significa?

El hombre comete "malas obras". Eso es fruto de dicha quiebra. Vayamos a las grandes ciudades como Río de Janeiro, Bogotá, París, Hongkong, Nueva York y muchas otras y nos daremos cuenta de los terribles hechos que suceden actualmente. Vayamos a las más pequeñas y a los pueblos y la historia se repetirá. La mente humana es un almacén de malos planes para ejecutar malas acciones. La estrategia de Satanás es la de procurar que el hombre caído practique toda la maldad que pueda ejecutar. La descripción paulina de la condición espiritual del hombre nos dice que necesita reconciliarse con Dios.

IV. La reconciliación nos coloca en una nueva situación

Todos deseamos un nuevo comienzo. Queremos ocupar un mejor lugar en la sociedad, pues ansiamos estar mejor de lo que estamos. Cuando volvemos a Dios, recibimos la mejor posición posible.

La reconciliación nos hace santos. El versículo 22 nos da una agradable sorpresa al declarar que Cristo murió "para presentaros santos". Los verdaderos santos son los que han sido reconciliados. Algunos ya están en el cielo. Innumerables miles siguen en las luchas de esta vida. Todos somos un pueblo separado para Dios. Eso es lo que significa ser santos. Somos hechos rectos y puros. Dios también nos da una señal de separación del viejo camino de una vida pecaminosa.

Como posesión de Dios, crecemos en santidad, aun cuando Dios ya nos ve santos en él.

No nos conformamos a los patrones de este mundo. El libro del Levítico nos recuerda que somos el pueblo santo de Dios. Debemos recordarlo siempre.

Hemos de ser "sin mancha e irreprensibles delante de él". Somos como esas ropas que se lavan y quedan planchadas sin más trabajo. Somos lavados por su sangre y no necesitamos que se siga trabajando en nosotros. Pensemos en los leopardos y sus manchas que no se pueden sacar. Nosotros tampoco podemos hacerlo, pero Dios sí puede limpiarnos. Cuando ocurre ese acto de reconciliación y limpieza, quedamos libres de suciedad.

Seremos sin faltas, o sea que no habrá acusación posible contra nosotros. En Romanos 8:31 se dice: "¿Quién acusará a los escogidos de Dios?" Por supuesto, oímos que hay quienes dicen: "Pero, mírenle". Sin embargo, la declaración divina es que Dios afirma que ya no habrá cargos contra nosotros. Eso ocurre cuando hemos sido lavados por la sangre del Cordero.

V. El pueblo reconciliado tiene un nuevo desafío

Alguno puede interpretar el versículo 23 como estableciendo la posibilidad de perder la salvación. El "si" con que comienza el versículo es una palabra de advertencia, pero más aún de desafío. Es un claro recordatorio a todo cristiano de su obligación espiritual y vale la pena examinarlo.

Debemos enfrentar el desafío a una fe genuina. Esto significa una fe puesta en la persona de Jesucristo, que nos redime y nos sostiene. En "El Peregrino", la célebre obra de Juan Bunyan, aparece la historia de Desconfiado y Cristiano que salían de la Ciudad de Destrucción hacia la Ciudad Celestial. Ambos cayeron en una ciénaga que se llamaba Pantano de la Desesperación. Cristiano luchó y al fin salió de las barrosas aguas y siguió rumbo a su destino. Pero Desconfiado, siempre quejándose, salió en el mismo lugar donde había caído y se volvió. No tenía fe suficiente como para salvarse.

Debemos estar afirmados en la vida cristiana. Las palabras "fundados y firmes" indican una posición permanente en la vida cristiana. Eso es lo que implica la firmeza mencionada en medio de los esfuerzos y tormentas que podamos encontrar.

Una vez el rey Guillermo III de Inglaterra cruzaba el Canal de la Mancha rumbo a Francia, cuando se levantó una tormenta. El rey se admiró al ver al capitán gritando: "¡Firmes! ¡Firmes!" y declaró que entonces había aprendido el significado de esa palabra. También a nosotros nos atacan las tormentas y debemos encontrar nuestra firmeza en el evangelio.

Como quienes han sido reconciliados, debemos servir al Señor. En el versículo 23 Pablo declara: "del cual fui hecho ministro". La palabra "ministro" significa "siervo". Todos los que han sido reconciliados tienen la responsabilidad de servir, aunque no vayan como misioneros como Pablo. Pero serán parte del plan de Dios.

Debemos ser claros en nuestra declaración sobre lo que significa estar reconciliados. La reconciliación por medio del evangelio de Cristo es el mensaje que predicamos a toda criatura, o sea la palabra de verdad que todos deben oír. Hemos sido total y completamente vueltos o reconciliados con Dios. Nuestra posición ante él es la de reconciliación. Por él recibimos confianza al aceptar a Jesús y ser así convertidos en pueblo reconciliado con Dios.

Ahora me gozo en lo que padezco por vosotros, y cumplo en mi carne lo que falta de las aflicciones de Cristo por su cuerpo, que es la iglesia; de la cual fui hecho ministro, según la administración de Dios que me fue dada para con vosotros, para que anuncie cumplidamente la palabra de Dios, el misterio que había estado oculto desde los siglos y edades, pero que ahora ha sido manifestado a sus santos, a quienes Dios quiso dar a conocer las riquezas de la gloria de este misterio entre los gentiles; que es Cristo en vosotros, la esperanza de gloria, a quien anunciamos, amonestando a todo hombre, y enseñando a todo hombre en toda sabiduría, a fin de presentar perfecto en Cristo Jesús a todo hombre; para lo cual también trabajo, luchando según la potencia de él, la cual actúa poderosamente en mí.

Colosenses 1:24-29

Capítulo 6

Cristo en el corazón

Jerónimo Savonarola nació en Italia cuarenta años antes del descubrimiento de América. Fue uno de los predicadores más poderosos e influyentes de su tiempo. Su ministerio estuvo centrado en la ciudad de Florencia. Miles le escuchaban semana tras semana y la gente decía que, cuando hablaba, veían la cara de un ángel.

Predicaba contra la inmoralidad de su tiempo. Criticaba en términos punzantes la corrupción de los políticos, así como de los líderes religiosos que no tenían un ministerio acorde con la voluntad de Dios. Por su ferviente predicación, fue condenado a morir ahorcado y a que su cuerpo fuera quemado luego. Después de oír su sentencia, dijo: "Pueden matarme si quieren, pero nunca, nunca, sacarán al Cristo vivo de mi corazón".

Hay en Colosenses 2:24-29 palabras que no podemos olvidar: "Cristo en vosotros, la esperanza de gloria". La esencia de la vida cristiana es la presencia de Cristo en nuestro corazón. ¿Dónde creemos que está Cristo hoy? Algunos dirán que en el cielo y eso es correcto. Otros sólo pueden pensar en él en una tumba el Viernes Santo. Pero no está allí. El único lugar donde Cristo quiere estar es nuestro corazón. Recibimos a Cristo por la fe y él vive dentro de nosotros por la acción del Espíritu Santo. Cristo en nosotros sigue siendo la expresión de una verdad que cambia la vida. Notemos algunos de los beneficios de esa presencia.

I. Nos da fuerza para sufrir por él

A nadie le gusta sufrir. Si tenemos un dolor de cabeza, buscamos alguna medicina. Si recurrimos a un hospital para ser operados, pedimos un anestesista, porque no queremos soportar dolor. Tratamos de eludir las molestias y torturas.

Sin embargo, es un privilegio sufrir por Cristo. Pablo escribió sobre sí mismo en Colosenses 1:24 al decir: "Me gozo en lo que padezco por vosotros". Cuando escribía, Pablo estaba en Roma y había soldados que lo vigilaban. Años antes, cuando se convirtió, el Señor dijo que era un "vaso escogido para llevar el evangelio a los gentiles". Jesús agregó: "le mostraré cuánto le es necesario padecer por mi nombre". Soportó apedreamientos, azotes, tormentas, peligros de ladrones. Enfrentó toda clase de sufrimientos porque se movía de un lado al otro llevando el nombre de Jesús.

Notemos dos palabras del texto: "Ahora me gozo". ¿Estamos listos para sufrir *ahora*? ¿Podemos gozarnos en nuestros sufrimientos para el Señor? ¿Cómo reaccionamos ante un período de sufrimiento que nos llega a causa de nuestra fe en Jesús? Si eso llega, es un privilegio. Cuando le seguimos, tenemos pruebas. El mismo Cristo dijo: "Nadie es mayor que su señor. Si me persiguieron a mí, también os perseguirán a vosotros" (Juan 15:20). En realidad, ese privilegio es dado a todos los que siguen en los pasos de Jesús, pues si es necesario, debemos estar dispuestos a sufrir. Para ello el Señor nos da su fuerza.

Cuando seguimos a Jesús, el sufrimiento tiene una razón de ser. Pablo dice de sí: "Cumplo en mi carne lo que falta de las aflicciones de Cristo por su cuerpo, que es la iglesia". No declara que sufrimos para la expiación de pecados o para hacer posible que otros lleguen al cielo en base a algún "banco de méritos" de nuestros sufrimientos. Cristo ya ha sufrido una vez para siempre por nuestros pecados, pagando el precio supremo por nuestra salvación. En la cruz él declaró: "Consumado es". Se había dado en expiación por los pecados de todo el mundo. Derramó su sangre por nuestra redención. La salvación se alcanza por medio del poder redentor y reconciliador de la sangre de Cristo. Los méritos, los rituales, las ceremonias, los buenos hechos no pueden salvar a nadie. La Biblia declara que "la sangre de Jesucristo su Hijo nos liberta de todo pecado". Nunca podremos sufrir por la redención de otros. El papa Clemente VI dijo que las almas en el purgatorio podían ser liberadas por los méritos de otros, y Tetzel escribió unas pocas líneas apoyando al papa: "Apenas la moneda cae en el cofre, el alma sale del purgatorio". Pero los sufrimientos cristianos llegan con un propósito diferente.

El sufrimiento tiene un motivo de disciplina: "para cumplir lo que falta de los sufrimientos de Cristo". Significa que los cristianos que siguen a Jesús han de enfrentar dificultades y sufrimientos a causa de su fe. Este mundo es el campo de batalla del cristiano; en él pueden tener lugar muchos sufrimientos cuando se sirve al Señor, al enfrentar peligros o críticas cuando compartimos el evangelio o vivimos para la gloria de Dios. No escapamos de esa responsabilidad y estamos dispuestos como Pablo a sufrir "en el cuerpo", con el fin de alcanzar a otros con el evangelio y llevar a la iglesia a su madurez.

Adoniram Hudson, el gran misionero que sirvió muchos años en Birmania, es un buen ejemplo de alguien que cumplió lo que faltaba de las aflicciones de Cristo. Al cabo de siete años, podía ver la tumba de su esposa y sus hijos que habían muerto en aquel país. Soportó enormes sufrimientos y cárceles por predicar el evangelio. Sólo una vez dejó ese campo durante toda su carrera misionera, aunque después de esos siete años no podía ver a ningún convertido. Pero alcanzó a vivir para ver iglesias establecidas y la Biblia traducida por él mismo en más de una docena de idiomas. Los cristianos son necesarios hoy para ser discípulos en el sentido pleno de la palabra, pues entonces reciben la fuerza para soportar cualquier cosa que pueda surgir en su consagración a Cristo.

II. Nos ayuda a presentar su mensaje

En el versículo 25, Pablo dice que fue "hecho ministro". Había sido colocado en esa misión del ministerio de la Palabra de Dios por un llamado, por una comisión de la que él y nosotros somos mayordomos. El propósito era "que se anuncie cumplidamente la palabra de Dios". ¿Cómo podía Pablo o cómo puede cualquiera de nosotros compartir el mensaje de Dios y anunciar "cumplidamente" la Palabra de Dios? Jesús es el que nos da cómo hacerlo y por eso podemos cumplir aquello que se nos ha encomendado.

Hablamos de un mensaje que impresiona, el mensaje de la redención. Es un "misterio", en el sentido de que ha sido desconocido por eras y generaciones. Sin embargo, ahora ese mensaje se ha hecho manifiesto, conocido al pueblo de Dios, a sus santos (v.26). Este "misterio" es el de Cristo en la vida. Es la salvación. Es el mensaje que el mundo necesita oír.

La gente se entusiasma con el deporte. Algunos abuelos, que apenas pueden caminar, van a ver cuando sus nietos juegan al fútbol. Algunas damas hablan sobre recetas de cocina, o sea sobre las diferentes formas de preparar la comida. Se construye un nuevo avión y eso se transforma en una gran noticia. La historia número uno de todos los tiempos es el mensaje de vida en Jesucristo. Cuando todo lo demás se desvanece, el mensaje de la vida perdurable sigue en lo alto de la lista.

En 1912 salió de Inglaterra para su primer viaje la gran nave llamada "Titanic", que era considerado como imposible de hundirse. Una noche iba por las aguas del Atlántico Norte, con la élite de Inglaterra y otros países disfrutando de una gran fiesta, con una hermosa orquesta. El barco chocó contra un iceberg y pronto comenzó a hundirse. La banda dejó de tocar música de baile para ejecutar el himno "Más cerca, oh Dios, de ti". En la hora de la desesperación, la gente quería un mensaje de esperanza. Esa palabra se encuentra en Jesús, quien es el mensaje supremo en todas las horas.

Hablamos un mensaje que es para todos. En este pasaje se nos dice que las riquezas de la gloria son para los gentiles, o sea que la historia de la salvación no es exclusiva, sino que incluye a todos. No era sólo para el pueblo hebreo, sino para todo el mundo.

Los judíos se habían enceguecido a la verdad de que Dios quería que su mensaje fuera para todos. Sin embargo, desde los tiempos de Abraham hasta los de Jesús, los hebreos no fueron el canal por el que corriera el mensaje de Dios. Reyes y líderes religiosos nunca compartieron el mensaje con otros fuera de su nación. Aún en los días de Saúl, David y Salomón, encontramos que el templo no estaba al alcance de los no judíos. El mensaje de Pablo era que Jesús había venido y destruido la pared de separación que dividía a los judíos de los gentiles. Pablo declaraba que el mensaje de salvación es para todos.

En los tiempos neotestamentarios, el pueblo judío no estaba listo para ese concepto de un evangelio para todos. En Hechos 21:28 leemos sobre la acusación que los líderes religiosos lanzaron contra Pablo. Dijeron que había metido gentiles en el templo y había contaminado el lugar. Cuando Pablo contó la historia de su conversión y dijo que Dios le había mandado a predicar a los gentiles, los líderes dijeron: "¡Fuera con él!" En Hechos 23:12, leemos sobre los azotes que recibió por haber declarado que el evangelio es para todos.

Creemos que el mensaje de vida perdurable en Jesús es ciertamente algo que impresiona. Alguien ha escrito que un crimen que se puede cometer en el desierto es saber dónde hay agua y no decirlo a otros. Sabemos que Jesús es el agua de vida, el pan de vida y el camino, la verdad y la vida. ¿Compartimos fielmente ese mensaje con otros?

III. Nos ayuda para servirle

El último versículo del capítulo declara que trabajamos y luchamos de acuerdo al poder de Dios que obra en nosotros. Es así como ese poder nos permite servir a Cristo. Podemos luchar en la obra que Dios nos confía por medio de su poder que nos califica para el trabajo que debe ser hecho. Pueden señalarse tres áreas de servicio.

Debemos advertir a todos, o sea que hemos de hacer oír el mensaje de arrepentimiento. Tal como lo anunciaba el profeta del Antiguo Testamento, debemos decir: "los que siembran viento recogerán tempestades". Como la Biblia repite, debemos decir: "Volveos, volveos, ¿por qué moriréis?" El mensaje de Pablo a los romanos debe ser repetido: "la paga del pecado es muerte".

Debemos decir a los gobernantes que el gobierno debe volverse a Dios. Somos como Nínive en la antigüedad. El juicio de Dios viene sobre nosotros a menos que nos arrepintamos. En 2 Timoteo, la Biblia dice que debemos orar por las autoridades para que sean salvos y lleguen al conocimiento de la verdad. Debemos levantar voces por todo el mundo que adviertan a todos sobre la necesidad de rendir cuentas a Dios. Debemos volvernos a Dios o el castigo caerá sobre nosotros.

Debemos enseñar a todos en toda sabiduría. La forma del verbo "enseñar" indica que es una labor continua. La enseñanza debe continuar en las clases bíblicas semana tras semana. Y debe continuar también con los niños en el hogar. La predicación debe ser constante, incluyendo "todo el consejo de Dios" en sus múltiples formas, sabiduría y gloria.

Cierta vez un estudiante de seminario dijo a un profesor que había planeado bautizar a algunas personas convertidas el domingo siguiente. Le preguntó qué decir y cómo hacer para bautizar. A la semana siguiente, el profesor le preguntó cómo había resultado el servicio. El estudiante dijo: "Bueno, más o menos bien, pero los candidatos vinieron después que yo dije todo lo que usted me había indicado", la verdad es que tenemos mucho que decir y debemos continuar esa labor hasta que cada precepto haya sido dado.

Servimos para presentar perfectos a todos delante de Cristo. Esta es una tarea difícil, porque nuestra misión es ver gente madura, a pesar de sus defectos e imperfecciones. Sin embargo, el ideal es ver cómo cada cristiano ha de presentarse ante el Señor como alguien maduro.

Un hijo había vivido en el hogar de sus padres por sesenta años. Nunca había caminado ni hablado en ese tiempo. Era un miembro de la familia, pero dependía totalmente de que alguien lo alimentara, lo vistiera, lo acostara y lo llevara a cualquier lado que fuera. Por cierto, eso era una tragedia que quebrantaba el corazón.

Es triste que muchos cristianos son "bebés espirituales". Algunos apenas pueden caminar o hablar. Tienen todo tipo de deficiencias. Pero no tiene por qué ser siempre así. Una persona puede cambiar. Todos debemos llegar a ser maduros en Cristo. Cuando servimos al Señor debemos ser capaces de ayudar a otros para desarrollarse como para llegar a ser el tipo de miembros de la familia de Dios que él quiere que seamos.

La vida cristiana nunca es fácil. Pero puede ser una vida de gozo y victoria. Jesús después de haber venido a la tierra y terminado su ministerio, se levantó de la tumba y volvió al cielo. Es el Cristo universal, que por medio de su Espíritu vive en nuestras vidas. Cuando le permitimos que lo haga, nos da fortaleza para sufrir por él, llevar su mensaje y servirle. ¿Estamos listos para dar al Señor el lugar correcto en nuestras vidas, tal como lo merece?

Porque quiero que sepáis cuán gran lucha sostengo por vosotros, y por los que están en Laodicea, y por todos los que nunca han visto mi rostro; para que sean consolados sus corazones, unidos en amor, hasta alcanzar todas las riquezas de pleno entendimiento, a fin de conocer el misterio de Dios el Padre, y de Cristo, en quien están escondidos todos los tesoros de la sabiduría y del conocimiento. Y esto lo digo para que nadie os engañe con palabras persuasivas. Porque aunque estoy ausente en cuerpo, no obstante en espíritu estoy con vosotros, gozándome y mirando vuestro buen orden y la firmeza de vuestra fe en Cristo. Por tanto, de la manera que habéis recibido al Señor Jesucristo, andad en él; arraigados y sobreedificados en él, y confirmados en la fe, así como habéis sido enseñados, abundando en acciones de gracias.

Colosenses 2:1-7

Capítulo 7

Anhelos fervientes por los demás

La mayoría de nosotros se ha detenido alguna vez a observar los pájaros. Algunos de ellos son migratorios y viajan miles de kilómetros, mientras otros se quedan en el mismo lugar. Cuando llega el momento para que formen una nueva familia, se ocupan de hacer sus nidos. La madre pone los huevos y se ubica sobre ellos por unas tres semanas. Cuando nacen los pequeños, los padres hacen cientos de viajes por día para alimentarlos. A los pocos días, ansían verlos yéndose del nido. Las aves mayores dicen a las menores: "Vamos, volemos juntos. Hay mucho placer cuando se anda por el aire".

Los pequeños dicen: "Apenas si podemos movernos en el nido. Podemos caernos si tratamos de volar". Pero los padres siguen llamándolos para que prueben sus alas. Finalmente uno se atreve a hacer la prueba. Y luego otro. Alguno más hace el intento y se cae. Los mayores revolotean alrededor del pequeño, como gritando: "Vamos, vuela. Viene un gato que te comerá si no estás en el aire". Y pronto el pequeño comprende los chillidos de los padres y tiene la emoción de volar.

En el pasaje de Colosenses, el apóstol Pablo expresa su profunda preocupación por los cristianos. Escribió para ello y para los que nunca le habían visto cara a cara. Dice que tenía un gran conflicto y una gran ansiedad por su bienestar. La palabra que es traducida como "lucha" es literalmente "agonía". Su preocupación por aquellos cristianos era profunda y por eso oraba con fervor por ellos. Esta carta fue escrita desde una prisión en Roma a los cristianos de la pequeña ciudad de Colosas en el Asia Menor que hoy es Turquía. Al comienzo del capítulo 2, Pablo establece la verdad de que necesitamos estar preocupados por los demás cristianos. No debemos estar centrados en nosotros mismos, sino tenía una preocupación, una agonía por el bienestar del pueblo de Dios. Esta preocupación por otros se expresa de diversas maneras. Notemos lo que Pablo nos enseña en este pasaje.

I. Queremos que sean fortalecidos

En Colosenses 2:2, Pablo pide "que sean consolados sus corazones". La idea central es que los demás deben ser alentados. La palabra "consolados" es muy atractiva. Puede ser traducida como "ayudados", "alentados", asistidos" o "fortalecidos". La palabra griega significa "estar junto a" y la idea es la de que la ayuda o el refuerzo son dados a aquellos que necesitan ser ayudados.

El mensaje del texto es que hemos de estar listos para fortalecer y ayudar a cualquiera que lo necesite, pero en especial a los hermanos cristianos. Cuando miramos a nuestro alrededor, encontraremos oportunidad de ser de ayuda. Necesitamos pedir a Dios que nos dé esa ansiedad por el bienestar de los demás cristianos. Si vivimos con ese cuadro mental, la vida de la iglesia será renovada. Podemos llegar a otros. Podemos fortalecer a los que lo necesitan.

Un día Abraham Lincoln y un compañero estaban al frente de un pequeño negocio en Illinois. El futuro presidente norteamericano dijo: "¿Sabes? Con gusto vendería mi parte del negocio si eso me diera suficiente dinero para pagar mis cuentas y comprarme el 'Comentario a la Legislación Inglesa' de Blackstone".

Unos momentos después, vieron una carreta que se acercaba. El que iba en ella dijo: "Vamos hacia el Oeste y no tenemos dinero. Quisiera vender este barril por cincuenta centavos si alguien quisiera comprarlo". Lincoln miró al extraño hombre y la desesperada expresión de la esposa y los hijos que estaban en la carreta. Palpó sus bolsillos para notar que todo el dinero que tenía era medio dólar. Entonces dijo: "Me parece que preciso ese barril". La animada familia siguió adelante su camino. Unos minutos después, Lincoln miró dentro del barril, que tenía algunos papeles viejos. Metió su brazo huesudo y notó que había un libro, ¡era la obra de Blackstone! Lincoln reflexionó: "Dios debe tener un gran propósito para mí en la vida. Si no, ¿por qué haría este milagro?"

La gente que está a nuestro alrededor necesita ayuda. Muchos necesitan ser apoyados con la oración. Es interesante que, cuando ayudamos a otros, inclusive podemos recibir la sorpresa de tener alguna ayuda para nosotros. Podemos ayudar a algún pastor diciéndoles de algunos libros que nos han sido de ayuda a nosotros. Que los demás sean alentados por nuestras palabras de amor y apoyo.

II. Queremos que sean unidos en amor

Eso es lo que pide Colosenses 2:2. La expresión "unidos en amor" nos hace pensar en una costura, la unión de aquello que ha sido desgarrado o roto. Implica unir vidas en comunión.

Pablo usa algo de esta idea en Hechos 16:10 cuando tuvo una visión de un varón macedonio. Dice: "Procuramos partir". Pablo, Lucas y los demás misioneros se mantuvieron juntos al cruzar el mar para ir a Europa. Palabras con significado similar son las que aparecen en Isaías 52:8; el profeta escribe sobre el tiempo cuando el pueblo de Dios dará voces de alabanza porque "ojo a ojo verán que Jehová vuelve a traer a Sion". Nos vemos "ojo a ojo", cara a cara cuando estamos entrelazados. Necesitamos ese tipo de cohesión en la vida familiar, en los negocios, en el estudio y en la Iglesia.

A veces podemos estar ligados a otro, pero en una relación desdichada. Recordemos algunos de las historias de Sansón, que fue uno de los jueces de Israel unos mil doscientos años antes de Cristo. Una vez se enojó con los filisteos por lo que le habían hecho. Fue a sus trigales, capturó trescientas zorras y les ató las colas de a dos. Es un misterio cómo lo hizo. Debe haberse arañado, sufrido mordiscos y sentirse cansado del trabajo. Los chillidos de los zorros siguieron por un largo rato. Aquellos animales estaban unidos ¡pero no en amor!

El deseo de Pablo en este pasaje es que nos mantengamos juntos en todas las relaciones cristianas por medio del amor. Podemos tener edificios, pastores y maestros, mucho dinero y gran asistencia. Pero si falta la nota del amor, entonces surgen los problemas. Pablo dice que nuestra oración debe ser la de mantener los fuertes vínculos del amor.

III. Queremos entender la grandeza de Cristo

Los versículos 2 y 3 son profundos. Su mensaje es sobre la grandeza y la majestad de Cristo. Muchas veces no logramos entender quién es realmente el Salvador. La Escritura nos expone más y más de su preeminencia y superlativa grandeza, tal como ha sido presentada en el Capítulo 1.

Necesitamos tener un pleno conocimiento de Jesús. Pablo dice que debemos "alcanzar todas las riquezas de pleno entendimiento, a fin de conocer el misterio de Dios el Padre y de Cristo". El pasaje anterior trata el mismo tema, como también el versículo 26 del capítulo 1 ó los versículos 15-18 del mismo. Aquí tenemos un énfasis renovado sobre quién es realmente Cristo. Necesitamos un conocimiento pleno y exacto sobre él o sea conocerle como Dios en carne, Dios hombre.

Sabemos que los filósofos griegos nunca hubieran podido imaginar a Jesús, como tampoco pudieron hacerlo los líderes judíos y como mucha gente de hoy que tampoco lo entiende. Si miramos a Jesús como mero hombre o simplemente como líder religioso, jamás entenderemos este "misterio de Dios en

Cristo". Cuando aceptamos la verdad de que Jesús es el Señor y el Hijo de Dios, entonces vamos rumbo a las riquezas de la seguridad de quién es realmente.

Necesitamos comprender que Jesús es el tesoro de toda sabiduría y conocimiento. Podemos decir que el conocimiento es la captación o entendimiento de hechos o verdades. O sea que sabemos que siete por siete es igual a cuarenta y nueve. La sabiduría es la aplicación de esos hechos. En este sentido de la palabra, Jesús es la suma de todo conocimiento y sabiduría espiritual.

Todos esos tesoros están escondidos en Cristo. Pero además, él nos revela todas las sorprendentes verdades de Dios. Es la perfecta revelación de la verdad divina. En 1 Corintios 1:30 se afirma que Jesús "nos ha sido hecho por Dios sabiduría, justificación, santificación y redención". Necesitamos una comprensión de la grandeza de Jesús.

IV. Queremos estar firmes en la fe

Esto quiere decir que necesitamos estar firmes e inconmovibles en nuestra fe en Jesucristo. Debemos ser disciplinados, organizados y no movidos por "todo viento de doctrina". Judas declara: "Me ha sido necesario escribiros, exhortándoos que contendáis ardientemente por la fe que ha sido dada una vez a los santos" (v.3). Tenemos un Salvador. Él es la perfecta y plena revelación de Dios. No necesitamos otro; de hecho, no hay otro. En Gálatas 1:8 se declara: "Si aun nosotros o un ángel del cielo os anunciare otro evangelio diferente al que os hemos anunciado, sea anatema". Tenemos que permanecer fuertes, estables y sólidos en la fe. Debemos ser rígidos y permanentes en nuestra confianza en Jesús.

La ciudad de Pompeya, en el sur de Italia, fue destruida en el año 79. El monte Vesubio entró en erupción y enterró aquella urbe del Mediterráneo. Quedó olvidada y enterrada hasta que los excavadores comenzaron a trabajar a través de la lava y descubrieron a la ciudad dormida tras siglos de silencio. Miles de personas fueron enterradas en la lava derretida. Algunos se treparon a las torres más altas y se metieron en sótanos esperando escapar del material ardiente. Algunos huyeron de la ciudad. Un guardia romano se quedó en la puerta de la ciudad con sus manos aferrando sus armas mientras la tierra se sacudía debajo de él y las cenizas lo cubrían, pero él se mantuvo en su puesto. Estaba firme. El cuadro que Pablo nos da de un cristiano es el de una firmeza así.

Nos unimos en ferviente oración y cuidado para que los cristianos estén firmes en su fe. Los que se han alejado y los que han caído deben ser rescatados y desafiados para entregarse a la fidelidad en el reino de Dios. Esta simple pero profunda preocupación expresada en este pasaje es la de que todos estén aferrados a la fe.

V. Queremos vivir una sana relación con Cristo

¿Entendemos qué es un cristiano? En Colosenses 2:6 Pablo nos da una definición completa de un hijo de Dios. Es la persona que ha recibido a Cristo Jesús como Señor. Leemos en Juan 1:12 que "a todos los que le recibieron les dio poder de ser hechos hijos de Dios". Un cristiano es aquel que ha reconocido quién es Cristo y le ha invitado a que, como Salvador, entre en su corazón. Los rituales y las penitencias no transforman a nadie en cristiano. Hay una sola ruta para llegar a Dios, que es Jesucristo, a quien aceptamos por medio de la fe.

Recordamos la historia de Rahab de Jericó, en el Antiguo Testamento. Había oído de lo que Dios hacía con el pueblo hebreo. Por la fe, recibió el mensaje sobre ese poder en acción y no sólo llegó a ser una hija de Dios sino también una de las antepasadas de Jesús, al poner su fe en las promesas divinas. Confiamos en Jesús y él nos salva.

Hemos de obedecer el mandato: "Andad en él", o sea que él debe ser el ámbito de nuestras vidas. Nuestra conducta debe ser moldeada por nuestra relación con Jesús. Estamos en unión con él y debemos andar con él cada día.

Debemos hacer que nuestras raíces crezcan en el Señor, o sea que nuestra fe debe ser puesta en él. Así como un árbol tiene raíces para su nutrición y estabilidad, nosotros debemos estar arraigados en Cristo para tener firmeza.

Debemos ser edificados en Cristo. La idea de esta palabras es la de una construcción. Siempre somos edificados en él, pues está expresado en un tiempo gramatical progresivo o creciente. Nunca dejamos de crecer y ésa es una relación ideal con el Salvador.

Uno de los aspectos de la vida actual es el esparcimiento. Celebramos feriados, cumpleaños, victorias políticas y otras ocasiones. Pablo dice que podemos hacer una gran celebración de gratitud por nuestras vidas cristianas. Al principio del Capítulo 2 estábamos en lucha, como en agonía. Pero pronto nos damos cuenta de que podemos estar "abundante en acciones de gracias" por lo que él trae a nuestras vidas. Podemos ser fortalecidos, unidos en amor, comprender algo de la majestad de Cristo, ser fieles y tener una buena relación con él. Cuando deseamos fervientemente que otros tengan esa vida que Jesús quiere darles, entonces también seremos bendecidos por este tipo de vida. Todos hemos de tener esa forma de preocupación y cuidado.

Mirad que nadie os engañe por medio de filosofías y huecas sutilezas, según las tradiciones de los hombres, conforme a los rudimentos del mundo, y no según Cristo. Porque en él habita corporalmente toda la plenitud de la Deidad, y vosotros estáis completos en él, que es la cabeza de todo principado y potestad. En él también fuisteis circuncidados con circuncisión no hecha a mano, al echar de vosotros el cuerpo pecaminoso carnal, en la circuncisión de Cristo; sepultados con él en el bautismo, en el cual fuisteis también resucitados con él, mediante la fe en el poder de Dios que le levantó de los muertos. Y a vosotros, estando muertos en pecados y en la incircuncisión de vuestra carne, os dio vida juntamente con él, perdonándoos todos los pecados, anulando el acta de los decretos que había contra nosotros, que nos era contraria, quitándola de en medio y clavándola en la cruz, y despojando a los principados y a las potestades, los exhibió públicamente, triunfando sobre ellos en la cruz.

Colosenses 2:8-15

Capítulo 8

Completos en Cristo

En 1993, un jugador de fútbol firmó un contrato con el equipo "Dallas Cowboys". Acordó jugar cuatro años por 13.600.000 dólares. Por su parte, los *Cowboys* recibieron cuatro millones cuando firmó el contrato. Pero él faltó los dos primeros juegos de la temporada y en el tercero jugó muy pobremente porque no estaba "en forma". No estaba completo.

Como cristianos, estamos en el equipo de Dios. El pasaje de Colosenses declara que estamos "completos en Cristo" o sea que poseemos todas nuestras facultades. No hay nada que nos pueda ser agregado. Quizá no seamos todo lo que necesitamos ser, pero estamos completos. Algunos pueden ser bajos y otros pueden ser altos; algunos ser fieles y otros infieles. Pero somos "completos". Un bebé es un bebé completo. Un niño o un adulto es alguien completo, sea talentoso o sea normal. ¿Qué es lo que nos hace "completos en Cristo"?

I. Debemos mantenernos detrás de Cristo

Es fácil salirse del sendero. Los cristianos pueden intentar atajos o caminos laterales. Podemos perder de vista al Señor.

Necesitamos mantener nuestros ojos puestos en él. Pueden surgir problemas a nuestro alrededor cuando jugueteamos con algo que no sea la fe genuina en el Cristo viviente.

En el versículo 8 leemos: "Mirad que nadie os engañe". La palabra "engañe" tiene la idea de sacar del camino, de ser capturado y llevado donde uno no debe estar. Un león puede "engañar" una oveja. Nosotros también podemos ser sacados del camino y por eso debemos estar en guardia.

Los cristianos pueden ser engañados por las filosofías humanas. Este pasaje es el único en que aparece la palabra "filosofía", que significa "amor a la sabiduría", como combinación de *filos* y *sofía. Filos* significa "amor" y *sofía* sabiduría. Por supuesto, tenemos que amar la sabiduría. Hay un lugar para la verdadera filosofía. Muchos la hemos estudiado y comprobamos que es estimulante. Sabemos de grandes filósofos cristianos y alabamos a Dios por ellos. Pablo era un filósofo cristiano de primer nivel. Es bueno pensar y usar el cerebro para la gloria de Dios.

En este pasaje, Pablo se refiere a cierto tipo de filosofía que es engañadora, vacía como una burbuja. Hablaba de un sistema de pensamiento de cierta élite que excluía a otros. Es un falso intelectualismo, que separa a la razón humana de Dios y la revelación divina. Ese tipo de filosofía humanista cree tener las respuestas definitivas sobre la vida, la muerte y el destino, pero la filosofía jamás tiene las respuestas para la vida. En Isaías 55:8-9 Dios dice: "Porque mis pensamientos no son vuestros pensamientos, ni vuestros caminos mis caminos, dice Jehová. Como son más altos los cielos que la tierra, así son más altos mis caminos que vuestros caminos, y mis pensamientos que vuestros pensamientos".

Algunos podrán decir: "Pero yo creo que si soy religioso y sincero, todo andará bien". Eso no es lo que Dios dice. Ciertos filósofos científicos tratan de deificar la casualidad o el destino. Pero lo sobrenatural no se conoce por el razonamiento natural. La fe en Cristo no puede ser reemplazada por la emoción o el pensamiento naturales.

Mohandas Gandhi llegó a ser el líder espiritual de la India y fue el campeón de su causa por décadas. A mitad de su vida, Gandhi dijo que la religión hindú le satisfacía. No muchos años de su muerte en 1948, dijo que sus días estaban contados y que sentía que le rodeaban las tinieblas. Oró pidiendo luz. Una filosofía religiosa no podía responder a sus necesidades espirituales. Sólo Cristo puede hacerlo.

Los cristianos pueden ser engañados por las tradiciones de los hombres (2:8b). En 2 Tesalonicenses 3:6, Pablo dijo a sus lectores que siguieran la enseñanza que habían recibido de él. De modo que el foco central para el cristiano es la verdad bíblica. Pero las tradiciones y teorías humanas que no están de acuerdo con la Biblia son engañosas. Según Marcos 7:8, Jesús dijo que algunos dejan a un lado los mandamientos de Dios y se aferran a tradiciones de hombres. Agregó que los rechazan para mantener esas tradiciones. Sigamos a Cristo y no a algunas nuevas "tradiciones inventadas" de aquellos que alejan a otros de la fe que fue dada una vez a los santos (Judas 1:3).

Los cristianos pueden ser engañados por el espíritu del mundo. Pablo menciona "los rudimentos del mundo", o sea aquellas cosas que son elementales (como las primeras letras de la escuela) pero que para algunos parecen ser una gran sabiduría. En la antigüedad la gente creía que el mundo estaba dominado por malos espíritus. Algunos consultaban las estrellas antes de hacer un viaje o al espíritu de sus antepasados, porque todo estaba bajo el conjuro de lo demoníaco, quedando dominado por un sistema de control de astros y demonios.

El mundo moderno no ha cambiado. Hoy la gente lee presuntos "signos del zodíaco". Los diarios publican esos "rudimentos del mundo", que según Pablo desviaban a la gente y por eso lanza su clamor: "¡Cuidado!"

A muchos de nosotros nos gusta comer en un restaurante. Si vamos a uno de comida oriental, probablemente habrá algún tapete con signos zodiacales. Por ejemplo, el zodíaco chino tiene un ciclo de doce años. Cada uno lleva el nombre de un animal que da a las personas nacidas en ese año las características de ese animal. Uno es feliz, excéntrico, leal, popular, etcétera, de acuerdo al año en que nace. Por ejemplo, si uno nace bajo el signo del mono, será inteligente, pero se confundirá con facilidad. Y de acuerdo a ese zodíaco, es mejor casarse con alguien que nació bajo el signo del dragón o de la rata. Estos son detalles que nos muestran esos "rudimentos del mundo" que dominan la mente de la gente actual.

Pablo evangelizó la zona de Efeso por más de dos años y escribió sobre las prácticas religiosas de esa región cuando se refería a tales "rudimentos". ¿Y qué hizo? Organizó una gran quema de libros lo que hizo que la Palabra de Dios creciera poderosamente (Hechos 19:19-20). Todo lo que aleje de los caminos de la verdad debe ser eliminado. Es necesario que nos demos cuenta de que estamos completos en Cristo. Una cultura, una civilización o una ciudad está condenada si Cristo no es su fundamento. ¡Estamos completos en él!

II. Necesitamos comprender la grandeza de Dios

En Mateo 13:44-45, Jesús explicó que el reino de los cielos es como un tesoro o una perla escondidos en un campo. Cuando uno encuentra ese tesoro, va con gozo y vende todo lo que tiene y compra el campo. Jesús es "la perla de gran precio". Es el misterio de Dios. Su gran secreto, que el mundo no es capaz de ver. Tan grande es Jesús que los ángeles vinieron a adorarle cuando nació. Tan grande es que el Antiguo Testamento nos habla del Mesías que vendría, cientos de veces. Tan grande es que "en el nombre de Jesús se doblará toda rodilla" para que "toda lengua confiese que Jesucristo es el Señor". Pablo quiere que captemos esa grandeza.

Cuando vemos a Jesús, vemos a la deidad, a Dios en carne. El énfasis del pasaje es fuerte, pues declara que sólo en él habita la plenitud de Dios. Todos los atributos de Dios están en Cristo o sea que la plenitud de la deidad está en él. Esta verdad es afirmada en Juan 1:14. No sólo es como Dios sino que es Dios. Jesús tiene el poder ilimitado y la majestad de Dios. Y así es permanentemente porque "habita" en él.

En Juan 5:23 se afirma: "Para que todos honren al Hijo como honran al Padre. El que no honra al Hijo, no honra al Padre". Jesús mismo dijo: "Yo y el Padre una cosa somos" (Juan 10:30). O sea que Jesús es Dios mismo en todo sentido. No es simplemente *como* Dios, sino que *es* Dios. No es Dios el Padre, pero es Dios el Hijo.

Jesús era Dios antes de venir a la tierra. Antes de su encarnación o sea su venida en forma humana, él ya vivía. Dice Miqueas 5:2 que "sus salidas son para siempre". Que nadie distorcione o perturbe esta verdad. El oró según Juan 17: "Padre, glorifícame tú al lado tuyo, con aquella gloria que tuve contigo antes que el mundo fuese" (Juan 17:5).

Jesús fue Dios durante su ministerio encarnado, corporal. Dejó a un lado la manifestación de la gloria que le correspondía por un poco de tiempo, como dice Filipenses 2. Como Dios, Jesús se hizo hombre, de modo que pudiéramos verle y saber cómo es Dios.

Jesús era la deidad y es Dios en el cielo hoy. En su cuerpo glorificado, Jesús ha vuelta al cielo. Dios nos dice: "Honrad al Hijo, para que no se enoje" (Salmo 2:12). En Proverbios 30:4 se nos plantea una cuestión: "¿Quién subió a los cielos y descendió? ¿Quién encerró los vientos en sus puños? ¿Quién ató las aguas en un paño? ¿Quién afirmó todos los términos de la tierra? ¿Cuál es su nombre, y el nombre de su hijo, si lo sabes?" Esa persona es Jesús, el Mesías.

Jesús es la respuesta a las necesidades del hombre. El pasaje afirma que estamos completos en él porque "es la cabeza de todo principado y potestad". Es el Señor. En el Nuevo Testamento esto se afirma novecientas veces. Es único. Ante la grandeza del Hijo de Dios quedamos admirados.

Crecí en una granja donde se araba con mulas. Mi papá nunca tuvo un tractor. Las mulas usaban riendas que llevan un elemento cerca de los ojos para que no puedan ver a los costados y distraerse. Básicamente tiene una "visión en túnel". No necesitamos usar anteojeras. Necesitamos redescubrir la grandeza de Jesús. Pablo dice que estamos completos en él. Hemos de permanecer en la senda y no hacernos a un lado con engaños religiosos.

III. Tenemos una nueva relación de pacto por medio de Jesús

Dios llamó a Abraham de Caldea y le dijo que le transformaría en una gran nación. Abraham respondió al llamado de Dios. Años después, cuando Abraham estaba en la tierra prometida, Dios estableció una relación de pacto por medio de un signo que era la circuncisión. Tiempo después, cuando tenía noventa años, él mismo fue circuncidado (Génesis 17:24). Ese rito físico fue una demostración de fe en Dios. Durante los cuarenta años de peregrinaje en el desierto, después que el pueblo de Dios dejó Egipto, el rito no fue practicado, pero se lo restituyó cuando entraron a la Tierra Prometida.

La relación de pacto con Israel era evidenciada con una operación física. El acto físico era una señal de la obra espiritual de Dios en el corazón de la gente. El pacto espiritual que el cristiano tiene con Dios no es hecho de manos (2:11), pues la conversión es la obra de Dios y no de los hombres.

El bautismo es una expresión externa de la obra interior que es hecha por el Espíritu Santo. El bautismo cristiano es una señal de haber sacado del cuerpo los pecados de la carne. Pablo usa la palabra "bautismo" sólo tres veces en todos sus escritos. *Nunca* dio demasiado énfasis a esa señal externa. Su énfasis estaba en el cambio interior, la conversión del corazón. Los pasajes en los que Pablo usa el término son Romanos 6:4, Efesios 4:5 y Colosenses 2:12. Debemos entender que el bautismo es la inmersión en agua del creyente que ha dejado el pecado y confiado en Jesús como su Salvador. Describe cómo la vida vieja es hecha a un lado por la nueva. Sin embargo, el verdadero pacto es la conversión, algo que no es hecho de manos.

El pacto del cristiano con Dios es hecho válido por la fe en el poder de Dios. En Colosenses 2:12 dice que llegamos a ser su pueblo por medio de la fe en el Dios que levantó a Jesús de los muertos. Esa es la acción del poder de Dios. Jesús murió por nosotros, y fue enterrado. Al tercer día, Dios le levantó de los muertos para hacer efectivo su propósito salvador. Confiamos en ese Dios que tiene tal poder. Los testigos de Jehová dicen que Jesús no fue levantado corporalmente de los muertos. Distorcionan todos los pasajes bíblicos que tienen que ver con la resurrección corporal y niegan la salvación por la sangre de Jesús. Surge una relación cuando aceptamos el poderoso testimonio de Dios de que su Hijo no sólo murió por nosotros sino que también fue levantado para vivir eternamente.

El pacto del cristiano con Dios nos da vida. Nos "dio vida juntamente con él" (2:13). ¡Estamos vivos! Como Jesús volvió a la vida, nosotros ahora vivimos en él. No necesitamos andar como robots, zombis o cristianos de plástico. Jesús salió de la tumba y anduvo en su cuerpo glorificado; la gente lo vio, lo tocó, lo oyó y supo que había vuelto de los muertos. ¡Nosotros también debemos salir de nuestros "ataudes espirituales"!

En el pueblo texano donde cumplo mi ministerio, tenemos una penitenciaría del estado con unos mil internos. Voy allí todos los martes a la noche para ver a unos 20 ó 25 presos de origen latino. Estudiamos la Biblia juntos, cantamos y oramos. Tenemos una ferviente reunión todas las semanas. ¡Están vivos! Muchos de esos presos tiene más libertad y vitalidad que la gente que va a la iglesia todos los domingo. Jesús vino para darnos vida. Dondequiera que estemos, estamos vivos en Cristo. Un evangelista vino a predicarles, unos doscientos de ellos declararon públicamente su fe en Cristo. El capellán bautizará a muchos de ellos. Son un grupo espiritual y entusiasta. Y los demás debemos ser lo mismo.

En un tiempo estábamos muertos en nuestros pecados y en la circuncisión de la carne (v.13). Eso es un breve resumen de nuestra naturaleza y nuestros hechos de pecado. Pero Cristo nos ha dado libertad de todo aquello que nos aferraba en la tumba de la muerte. Reconozcamos nuestra nueva relación de pacto en el que Dios establece una nueva relación con él. Somos el nuevo Israel de Dios. Somos sus santos, sus redimidos. Estamos completos en Cristo.

IV. El que está completo en Cristo tiene la respuesta para el pecado

El pecado es uno de los problemas perturbadores del hombre actual. Aun cuando lo neguemos, o lo hagamos a un lado como si fuera una minucia, sigue haciendo su obra devastadora en la vida humana. Muchos sufren indescriptibles angustias mentales a causa de una conciencia culpable o de recuerdos perturbadores. Dios es el médico divino que puede ayudarnos cuando nos volvemos a él.

Él perdona nuestras transgresiones. ¿O acaso no cometemos errores todos nosotros? La palabra "transgresiones" implica una violación directa de la ley en algo que no debiéramos haber hecho. Dios quiere perdonarnos.

Un día llamé a un pastor amigo y hablé un rato con él. Nuestra conversación llegó al fin. Entonces decidí llamar a otra persona, pero cuando marqué el número apareció de nuevo la voz de aquel pastor. Le dije: "Lo siento. Creí que había marcado otro número". Pero él me dijo: "Está bien. Estoy en el papel de quien perdona". La verdad es que ése es el papel que Dios cumple todo el tiempo. Notemos que se dice: "Perdonándoos todos vuestros pecados". Vale la pena poner atención en la palabra "todos". ¿Cuántos son tus pecados y los míos? Dios los perdona todos. Notemos que habla en plural. Tú y yo estamos incluidos en esa promesa. O sea que cuando Dios perdona a uno, perdona al otro. ¿Por qué nos acordamos de lo que el otro ha hecho si Dios ya le ha perdonado? No debemos "jugar a Dios" recordando los pecados ajenos.

Dios borra el acta donde estaba anotado todo aquello que estaba en contra de nosotros (v.14). Todos los decretos y mandamientos estaban en contra de nosotros, pero el Señor los ha anulado. En nuestro camino han estado los mandamientos de lo que debíamos y no debíamos hacer. La ley nos indicaba lo que debíamos hacer o no, pero nunca nos daba el poder para cumplirlo. Se levantaba en nuestro camino para castigarnos con culpa y muerte. Esos decretos eran algo legal, esclavizador e impersonal que sólo eran para castigar, pero no aportaban ayuda.

Mark Twain fue un famoso humorista, cuyas obras se han hecho famosas en todo el mundo. A menudo caía en deudas y nunca quiso mucho a los banqueros porque no pagaba sus cuentas. Inventó a un presidente de banco, que tenía un solo ojo y que ordenó a un artista de París que le hiciera uno de vidrio. Twain contaba que un día se lo encontró y el banquero le dijo: "Si usted me dice cuál es mi ojo de vidrio, le daré un crédito de cinco mil dólares". Twain lo miró por un momento y le contestó: "Es su ojo izquierdo. Es el único en que muestra algo de humanidad".

La ley no tenía simpatía por el culpable. Lo condenaba. Llegó a ser una condena a muerte. Nosotros mismos hemos admitido ese hecho, cayendo en deuda. Pero Dios ha borrado el acta que lo establecía, de modo que ya no se podrá hacer reclamo alguno.

Tengo una computadora simple. Fue un regalo de un amigo. Es sorprendente la cantidad de material que puede ser ingresado. Cuando aprieto la tecla de borrado, todo lo que había sido escrito se va. Desaparece y no se lo puede encontrar. Eso es lo que hace Dios. La ley nos ha cargado con pecado. Hay páginas y páginas de cargos en contra de nosotros. Pero cuando llegamos a Cristo por medio de la fe, Dios toca el botón de borrado y todos esos cargos desaparecen. De hecho, ha sido borrado el libro entero de las actas que estaban contra nosotros.

Aquello que nos esclavizaba ha sido crucificado. El acta ha sido clavada en la cruz (v.14). La ley de los mandamientos y la ley de la conciencia ha sido eliminada porque no nos daban poder para hacer lo que reclamaban los mismos mandamientos, que simplemente decían: "Haz esto y vivirás".

Por supuesto, tenemos obligaciones morales de vivir para Cristo. Necesitamos captar esa verdad. Sin embargo, ahora tenemos un amor y un poder que nos da lo necesario para vivir de acuerdo a la gloria de Dios. El doctor José M. Martínez, de España, cuenta de una criada en una casa que siempre estaba con miedo cuando servía a sus patrones. Más tarde, el rico patrón se enamoró de ella y se casaron. Alguien le preguntó si seguía sintiendo miedo cuando trabajaba. Y ella contestó: "Ahora yo no trabajo. Estoy casada". En realidad, ella trabajaba más que antes del matrimonio, pero el amor de su marido le daba un nuevo propósito en lo que estaba haciendo. Cumplimos con los principios de la ley, pero esas leyes y su poder condenador han sido clavadas en la cruz de modo que ya no nos preocupan más.

Jesús ha destruido a los principados y potestades que nos atemorizaban. Todas las fuerzas del mal que estaban a nuestro alrededor y nos perturbaban han sido destruidas por él. Su muerte en la cruz no sólo es una victoria sobre nuestras transgresiones sino que también ha destruido esos poderes espirituales que querían perturbarnos.

La historia de David y Goliat nos cuenta cómo éste mató al gigante, le cortó la cabeza y sacó de su mano la gran espada. Es lo que Jesús ha hecho con nuestro enemigo. Satanás y todas sus fuerzas han sido eliminados. Tenemos victoria sobre ellos. Un cristiano completo necesita darse cuenta de la victoria que Cristo nos da sobre las fuerzas demoníacas que nos rodean. Eso ha sido hecho por la muerte de Jesús en la cruz.

Jesús murió en la cruz por cada uno de nosotros. Derramó su sangre para nuestra redención. Su sangre quita nuestro pecado y culpa. Somos libres por medio de la fe en Jesús. Somos completos en él. Cuando confiamos en Jesús y lo recibimos, llegamos a ser hijos de Dios, con una vida para siempre.

Por tanto, nadie os juzgue en comida o en bebida, o en cuanto a días de fiesta, luna nueva o días de reposo, todo lo cual es sombra de lo que ha de venir; pero el cuerpo es de Cristo. Nadie os prive de vuestro premio, afectando humildad y culto a los ángeles, entremetiéndose en lo que no ha visto, vanamente hinchado por su propia mente carnal, y no asiéndose de la Cabeza, en virtud de quien todo el cuerpo, nutriéndose y uniéndose por las coyunturas y ligamentos, crece con el crecimiento que da Dios. Pues si habéis muerto con Cristo en cuanto a los rudimentos del mundo, ¿por qué, como si vivieseis en el mundo, os sometéis a preceptos tales como: No manejes, ni gustes, ni aun toques (en conformidad a mandamientos y doctrinas de hombres), cosas que todas se destruyen con el uso? Tales cosas tienen a la verdad cierta reputación de sabiduría en culto voluntario, en humildad y en duro trato del cuerpo; pero no tienen valor alguno contra los apetitos de la carne.

Colosenses 2:16-23

Capítulo 9

Amenazas a la fe cristiana

En muchos países del mundo, se crían ovejas. Los pastores de la Tierra Santa, de Australia y de otros lugares las vigilan cuidadosamente. En 1 Samuel 17:34-35 hay una breve historia que cuenta cuando David le dijo al rey Saúl, cómo un león y un oso habían llegado hasta donde estaba su rebaño y le habían llevado algunas ovejas. Se precipitó sobre las fieras, rescató las desvalidas ovejas y mató a los agresores.

Los cristianos son llamados "ovejas de Dios". En la vida enfrentamos peligros. Pablo conocía esa verdad. Cuando escribía su carta a los colosenses, les advertía sobre los peligros que enfrentaban. Todos nos topamos con "leones" y "osos" que amenazan la vida cristiana. Por eso tenemos que adecuarnos totalmente en Jesucristo para estar alertas ante las amenazas a nuestra vida cristiana. El Apóstol menciona algunas de ellas.

I. Énfasis excesivos en normas sobre comidas y días especiales

En el versículo 16, Pablo declara que, como Cristo ha vencido con una victoria total en la cruz, no debemos permitir que nadie trate de engañarnos con temas como la comida y bebida que consumimos o los días festivos.

Por medio de Moisés, el pueblo recibió instrucciones de parte de Dios sobre lo que se debía comer. Es bueno que sepamos que los hábitos sanos de alimentación son necesarios para el bienestar de nuestras vidas físicas. Pero bajo el sistema de dietas de Moisés, la gente comenzó a pensar en esas leyes como el camino a la santidad y la aceptación por parte de Dios. Ocupaban el lugar de una "sombra" hasta que la Sustancia, o sea Cristo, llegara. Las leyes y reglamentos sobre comida y bebida no pueden darnos vida espiritual ni tampoco quitárnosla. Pablo dice que el cristiano tiene a Cristo en el corazón y no debe permitir que nadie juzgue cómo es aceptado por Dios a causa de tales reglas externas.

En Hechos 10 se nos cuenta una interesante historia sobre Simón Pedro. Tuvo una visión el día antes de que el centurión Cornelio mandara a buscarlo. En ella, vio un lienzo que era bajado desde el cielo. El hambriento Apóstol vio en él toda clase de animales, incluyendo fieras, reptiles y aves. Una voz dijo a Pedro que comiera, pero él repuso: "No, Señor; nunca he comido nada común o inmundo" (v.14).

La experiencia se repitió por segunda y tercera vez. El propósito de la visión era mostrar a Pedro que podía relacionarse con Cornelio. Pero la verdad secundaria seguía en pie. O sea, que las leyes mosaicas sobre comida y bebida ya no tenían efecto sobre la vida cristiana.

Si alguien es vegetariano y se niega a comer carne, es su propio asunto. Pero un vegetariano no debe decir a otros cristianos que comer carne es pecado.

En Números 11:31-34 se cuenta cómo Dios dio codornices a los hebreos para que comieran y cómo algunos llegaron a enfermarse por exceso de gula. Pero el hecho es que Dios les mandó carne para alimentarse en el desierto y no fruta o verduras. En 1 Corintios 8:1-13, Pablo escribe sobre comer o no comer. Indica que la comida que había sido ofrecida a los ídolos podía ser comida por el cristiano si quería. También declara en esa carta que uno está libre para comer lo que le es puesto por delante sin hacer preguntas (10:27-29). Dice que todo lo que hay en el mundo pertenece al Señor (v.26). Leemos que Jesús comió pescado después de su resurrección corporal (Lucas 24:43). Podemos dar por sentado que él comía carne con la misma regularidad que los demás judíos.

En Colosenses 2:16 se nos advierte sobre las personas de mente espiritual que ponen demasiado énfasis en las leyes dietéticas de Moisés o en cualquier ley autoimpuesta sobre la comida, que pudiera llegar a ser una amenaza a nuestra fe. O sea, que si alguien enseña que se puede llegar a ser cristiano o a perder la fe por la comida o la bebida, tal enseñanza es una amenaza a la libertad en Jesucristo.

Un énfasis indebido en los días santos también puede llegar a serlo. Como cristianos recordamos la Navidad como el tiempo de la encarnación de Cristo. Recordamos la Pascua como el tiempo cuando Jesús salió de la tumba en su cuerpo físico glorificado. Pero nuestra justicia no es determinada por la observancia de días religiosos.

Los hebreos tenían sus feriados religiosos, tanto semanales como mensuales o anuales. Eran tiempos de adoración y rededicación cuando tenían un encuentro con Dios. Sin embargo, la observancia de la Pascua, el Pentecostés o los Tabernáculos (las tres fiestas principales) nunca hicieron que el pueblo estuviera más cerca de Dios. Nunca llegamos a ser justos por medio de la comida o la bebida o por el calendario.

El texto de Colosenses menciona las nuevas lunas y los sábados. Esos tiempos especiales existían sólo para recordar la revelación plena de Dios en Jesucristo. Aquellas comidas, fiestas y sábados fueron cumplidos en Cristo. Era sólo la sombra (2:17) hasta que vino Cristo que es la sustancia. Además, no hay ningún pasaje bíblico que nos diga que como cristianos debemos guardar el sábado judío. Es interesante que Jesús resucitó un domingo, subió a los cielos un domingo, mandó al Espíritu Santo un domingo, apareció al apóstol Juan un domingo o "día del Señor". Pablo dice a los cristianos que lleven sus ofrendas a la casa de Dios cada primer día de la semana, o sea, el domingo (1 Corintios 16:1-2). No debemos ser juzgados por el sábado (2:16).

Justino Mártir escribió en el año 110 que los cristianos se reunían, leían las Escrituras y oraban en domingo. En el año 200 Tertuliano dijo que los cristianos adoraban de esa manera. Permitamos que Cristo, que es nuestra sustancia, permanezca y no leyes dietéticas o días de un calendario.

II. Adoración de ángeles

Pablo dice que no debemos ser defraudados en nuestra recompensa por aquellos que tratan de alejar nuestra mirada de Jesucristo (2:18). Como creyentes, tenemos una gran recompensa por nuestra fe en Cristo. El es la revelación suprema y completa de Dios. El ha hecho posible nuestra redención. Ha llevado nuestros pecados y todo el problema del pecado, que estaba en contra de nosotros, ha sido clavado en la cruz de modo que la redención del creyente está completa. Es nuestro único Mediador entre Dios y los hombres. Adoramos al Dios trino, que es Padre, Hijo y Espíritu Santo. Permitir que seres angelicales se interpongan entre nosotros y Dios, así como cualquier otro poder, es una gran amenaza a la salud de la fe cristiana.

Dios nos da una gran recompensa por nuestra fe en Jesucristo. Esa recompensa es la vida eterna con beneficios adicionales para nuestro servicio por su gloria. Algunos querrán defraudarnos en cuanto a esa recompensa que tenemos en Cristo.

Quienes lo hacen asumen una falsa humildad. Se deleitan en ella (v.18), o sea, que cuando se nos acercan parecen tener honestidad y quizá ni se den cuenta de que están engañados, pero todos aquellos que alejan de la supremacía de Cristo y su redención tiene una falsa humildad.

Quienes defraudan al cristiano se meten en temas que no conocen, y que ni han visto. Se ilusionan con mediadores angelicales pero ése es un falso concepto. A veces, cuando uno viaja por desiertos, como por ejemplo en Santiago del Estero, en la Argentina, o en el norte de Torreón, en México, el viajero puede creer a veces que ve un lago delante de sí. Pero esa aparición de agua es una ilusión, algo falso. Quienes sustituyen a Cristo por una filosofía o por otro ser, viven bajo una ilusión.

Los que engañan a los cristianos pueden estar vanamente hinchados con una mente carnal (2:18). Esas personas grandilocuentes estallan de vanidad. A veces se puede ver a una rana que descansa a la sombra de un árbol. En los días cálidos se queda quieta esperando que aparezca un insecto para comerlo. Mientras tanto, su garganta se hinca a causa del aire caliente que contiene. Pablo dice que aquellos que alejan a los cristianos están hinchados por su mente carnal. Hay muchos engañadores en el mundo, que llevan tras de sí a los cristianos lejos de la sencilla fe que tenemos en Jesucristo. Lo hacen agregando algo a la herencia ya plenamente rica y entonces surge una gran decepción.

Sabemos que Pablo tuvo más visiones que cualquiera de los que lo pretenden en la actualidad. Después de su conversión, fue llevado al tercer cielo donde oyó y vio grandes verdades eternas (2 Corintios 12:1-6). Pablo era un místico. Otros pueden tener visiones espirituales y Dios puede revelarles muchas verdades, así como a nosotros. Sin embargo, ninguna de ellas contradice lo que ya tenemos en las Sagradas Escrituras desde el Génesis hasta el Apocalipsis; si no, es un engaño.

III. Amenaza de deshonrar a Jesucristo

Pablo escribe sobre aquellos que o están asidos "a la Cabeza" (2:19). Cristo es la Cabeza del cristiano y de la iglesia. No podemos jugar con él. Él nutre todo el cuerpo de los cristianos (v.19), pues todos necesitamos vida y nutrición. Necesitamos energía y apoyo. Esas bendiciones espirituales vienen del Señor de la vida. En 2:10 Pablo escribe: "Estáis completos en él, que es la cabeza de todo principado y potestad". En Juan 15, Jesús declara que él es la vid y nosotros las ramas. Estas tienen su vida de aquella. Obtenemos la vida de nuestra cabeza que es Cristo.

Los cristianos están ligados entre sí por "las coyunturas y ligamentos". Con estos dos términos, Pablo implica que el cuerpo es una entidad orgánica total. El "cuerpo espiritual" también está ligado y funciona bajo la dirección de Cristo, que es nuestra cabeza. Un cuerpo espiritual desunido no puede funcionar bien. Sólo alcanzaremos al mundo perdido con el evangelio salvador de Jesucristo; nos ministraremos unos a otros y honraremos a Dios cuando estamos unidos y ligados con la cabeza.

Cuando honramos a Cristo, crecemos "con el crecimiento que da Dios" (v.19). El crecimiento espiritual y numérico nos llega cuando estamos unidos con Cristo. Necesitamos a ambos. El crecimiento numérico no tiene valor a menos que esté acompañado por el desarrollo espiritual que viene de Dios. Algo está mal en la vida del cuerpo si el crecimiento numérico no va junto con el espiritual. Ambos tienen lugar cuando estamos unidos con Cristo y unos con otros.

En este versículo, hay que descubrir una verdad que está implícita. El crecimiento tiene lugar por medio de "las coyunturas y ligamentos" o sea, que todos son parte de este gran secreto. El pastor no puede hacer crecer a una iglesia que debe seguir siendo fuerte aunque él se vaya. Todos deben ser una parte del "equipo del crecimiento".

En los días de Isaías, Dios dijo al profeta que diera su palabra: "Ensancha el sitio de tu tienda, y las cortinas de tus habitaciones sean extendidas" (54:2). En el versículo 13 de ese mismo capítulo leemos: "Y todos tus hijos serán enseñados por Jehová; y se multiplicará la paz de tus hijos". Debemos tener una visión de lo que significa estar "en el cuerpo de Cristo". La iglesia no es asunto de un hombre, el pastor, ni de un grupo dominante por tres o cuatro generaciones. La iglesia es de Dios y de Jesucristo, pues pertenece al Señor. Cada miembro es una parte vital y todos tienen un papel vital.

¿Recordamos el "quebrantamiento nervioso" que tuvo Moisés? Casi llegó a ello. Dios le habló por medio de su suegro, quien le dijo que eligiera a setenta hombres para hacer el trabajo. Después se dividieron en pequeños grupos. Ese es nuestro molde para hacer la obra de Dios. Las mujeres pueden hacer su trabajo. Los jóvenes pueden hacer el suyo. Los que trabajan con los niños pueden cumplir su tarea. Los que limpian los edificios realizan su tarea. De todos ellos, debe haber quienes se ocupen de ganar almas si la iglesia ha de crecer espiritual y numéricamente. La iglesia no crece porque tenga un programa de testimonio. Debemos luchar con lo que se dice en Proverbios 11:30 "El fruto del justo es árbol de vida y el que gana almas es sabio". Jesús vino "a buscar y a salvar lo que se había perdido". ¿Qué hacemos nosotros? ¿Seguimos en sus pasos? Creceremos cuando comencemos a seguir y obedecer al Señor. El crecimiento viene de Dios. Pero si no vamos y damos el llamamiento para que los perdidos crean personalmente en Jesús como Salvador y si no los traemos a la comunión de la iglesia, esta no crecerá. Se estancará y morirá. Se transforma en cadáver, que sólo sirve para ser llevado al cementerio y ser enterrado.

La escuela dominical es un gran método de expansión y enseñanza. Es el arma evangelística de la iglesia. Debemos ganar a otros por medio de la visitación y la educación. Que cada clase sea un centro de evangelismo.

Si queremos honrar a la Cabeza, haremos lo que Jesús hace. Él ganó a Nicodemo y a la mujer en el pozo. Ganó a centenares de personas para una fe personal, hablándoles directamente sobre su relación con Dios. Debemos hacer lo mismo. Las coyunturas y los ligamentos deben cumplir su deber si queremos que el cuerpo crezca.

Prestemos atención al versículo 19. Debemos honrar a la Cabeza. ¿Cuántas personas han sido perdonadas de sus pecados y seguido a Cristo en el bautismo debido a nuestro ministerio? Debemos pedir a Dios que nos perdone si no hemos hecho su obra de alcanzar a otros con el evangelio de salvación.

Los heréticos del tiempo de Pablo nunca contribuyeron a la vida espiritual de los cristianos de Colosas. Dieron dolores de cabeza a los cristianos. Si no logramos ganar a otros, nos ponemos de su lado junto a quienes no honran al Señor. ¿Dónde estamos? La medicina de Pablo es fuerte. Pero los enfermos necesitan esa medicina y quienes precisan del Gran Médico deben recurrir a él para que les haga la necesaria cirugía.

IV. Amenaza de volver a las ordenanzas humanas

Los versículos 20 al 23 de este capítulo nos hablan para recordarnos algunas grandes verdades. Si morimos con Cristo y resucitamos con El a una nueva vida, entonces no precisamos sujetarnos a las antiguas reglas y ordenanzas que no pueden ayudarnos. No precisamos dar lugar a los viejos sistemas que penden alrededor como una sombra sin alcanzar a entronizar a Jesús como la persona central en la vida.

Las reglas no pueden salvar. Nunca matan los malos deseos. La respuesta a una ordenanza muerta nos deja en un desierto espiritual. Lo que Pablo menciona en el versículo 22 tiene muchas apelaciones a lo largo de los siglos.

En el primer siglo y más adelante, los filósofos gnósticos se imaginaban que la salvación llegaba por medio del intelecto. Creían que los iniciados tenían salvación y los ignorantes no. Algunos gnósticos afirmaban que todo lo del cuerpo es pecado. Eso llevaba a otras falsas deducciones. Por ejemplo, que Dios no hizo el mundo sino que la creación surgió de alguna emanación inferior de la divinidad.

El concepto de la maldad del cuerpo llevó a algunos a pensar que uno tiene libertad para pecar dado que sólo el alma es pura. El otro concepto es que se precisa abusar y denigrar al cuerpo, negándole todo "derecho". Ese camino ascético llevó al castigo del cuerpo con objetos de tortura, a caminar sobre brasas de fuego o a negar cualquier trato decente al cuerpo. El gnosticismo no logró ver que el cuerpo ha sido redimido por Cristo por medio de su muerte en la cruz.

Los cristianos de Colosas enfrentaban una conjunción de amenazas a su fe. El gnosticismo combinaba sus enseñanzas con los cultos de misterio a seres angelicales y consultas a las estrellas. Este poderoso trío se sumaba al culto a las ordenanzas de Moisés para formar una especie de concilio que amenazaba la supremacía de Jesucristo. La misma esencia de la fe cristiana caía bajo el ataque del sincretismo o amalgación de filosofías y ordenanzas.

El énfasis en Colosenses es la supremacía de Jesucristo. Es el plan y completa revelación de Dios que no admite rival alguno. Jesús es tanto Dios como hombre. Es la deidad eterna que se hizo carne y que ahora es glorificado. Es el único Mediador entre Dios y los hombres, con absoluta supremacía. Ningún poder o persona ha de usurpar el lugar de Jesucristo. El es nuestra seguridad frente a todas las amenazas que se nos puedan presentar. Él es la Roca: todo lo demás es arena.

Si, pues, habéis resucitado con Cristo, buscad las cosas de arriba, donde está Cristo sentado a la diestra de Dios. Poned la mira en las cosas de arriba, no en las de la tierra. Porque habéis muerto, y vuestra vida está escondida con Cristo en Dios. Cuando Cristo, vuestra vida, se manifieste, entonces vosotros también seréis manifestados con él en gloria.

Colosenses 3:1-4

Capítulo 10

Viviendo en el plano más elevado

En 1957 el mundo se conmovió cuando los rusos colocaron el Sputnik en el espacio. Cuando ese primer satélite viajó alrededor de la tierra, los hombre se pusieron a soñar con la luna y aun con las estrellas.

Espiritualmente, también debemos alcanzar las estrellas, vivir por encima del mundo. Los negros esclavos cantaban:

"Vamos yendo paso a paso
cada día más arriba".

El pasaje de Colosenses 3:1-4 surge como una fuerte apelación a los cristianos para que tengan una mente celestial y vivan en un plano más elevado. Precisamos santas ambiciones y afectos dignos de esa vida superior.

I. Poder para una vida en el plano superior

Todos dicen que debemos desear una vida cristiana victoriosa. No queremos fracasar y tenemos el deseo de alcanzar el éxito como pueblo de Dios. Sin embargo, la mayoría está lista para decir: "Yo no puedo. Yo no puedo vivir triunfalmente". Pensamos que Abraham, David o Pablo tenían capacidad para vivir en un elevado plano espiritual, pero sentimos que esa vida no es posible para nosotros. ¿No es posible que así piense alguno de nosotros? Si el triunfo puede ser alcanzado por algunos del pueblo de Dios ¡queremos saber su secreto!

En Colosenses 3:1 leemos que Cristo está sentado a la diestra de Dios. En un momento de la historia, Jesús había sido crucificado. Su cuerpo muerto había sido puesto en la tumba. Al tercer día salió de ella para vivir perpetuamente. El poder de Dios le levantó de los muertos. Si una vez el cuerpo de Cristo estuvo yacente en la sepultura, la acción del poder de Dios le sacó de allí. Este es un hecho básico en la historia humana y en la fe cristiana. Jesús está vivo. Vive en lo alto. Por medio de nuestra fe en Cristo, nosotros también hemos sido levantados de la muerte espiritual a la vida espiritual. En Colosenses 2:12 se dice que esto ocurrió "mediante la fe en el poder de Dios que le levantó de los muertos". En el versículo siguiente, se dice que se nos dio "vida juntamente con él" (2:13). Somos resucitados y elevados por el poder de Dios.

El poder de Jesús para resucitar hizo que Lázaro volviera a la vida física, aunque había estado muerto por cuatro días (Juan 11:39). Sus hermanas se quejaron a Jesús de que había llegado demasiado tarde para hacer algo por Lázaro. La gente declaró que, si Jesús había abierto los ojos de los ciegos, con sólo haber estado presente durante la enfermedad de aquél, hubiera evitado que muriera (11:37). Conocemos el resto de la historia: Jesús llamó a Lázaro por su nombre y él volvió a la vida.

Ese poder de Jesús es el que nos da vida espiritual en el momento en que le recibimos como Salvador.

Veamos otra escena. ¿Podemos imaginar a un pequeño pájaro que nunca aprendió a volar sentándose nerviosamente en su nido y oyendo a sus padres diciendo: "Vamos, salta de allí; estira tus alas y podremos cruzar juntos por el aire"? Si el pajarito preguntara a sus padres si hay suficiente aire, ellos contestarían: "El cielo está lleno de aire. ¡Ven con nosotros!"

Si un leoncito preguntara a su madre si hay bastante selva para los dos, la madre le contestaría: "Por supuesto, ¡hay selva para todos los animales!" Si una pequeña tortuga preguntara a su madre en el Pacífico si el océano es bastante grande como para nadar en él, la tortuga grande le explicaría que el mar es bastante grande como para todas las tortugas y ballenas y barcos y cualquier otra cosa que saltara en él.

¡Qué ilimitado es el poder de Jesús! Ese poder no sólo le resucitó de los muertos sino que le colocó a la diestra del Padre en las alturas. Es el mismo poder que hace que los planos más elevados estén a nuestro alcance. Como somos levantados con Cristo, ahora tenemos poder para buscar "las cosas de arriba". Abrimos las puertas de nuestra vida al poder de Dios y podemos vivir por encima del mundo. Esta dinámica espiritual es la herencia que nos pertenece como a cualquier otro creyente que la reclame.

II. La vida en el plano superior es un gran privilegio

Hemos de buscar "las cosas de arriba", donde está Cristo sentado a la diestra de Dios. Tenemos vida con Jesucristo quien está con el Padre en la gloria. El pasaje dice que está a su diestra. Se nos ha dado el privilegio de estar con Jesús en la gloria aun mientras estamos en la tierra. Nuestras vidas espirituales están ligadas a su vida en el cielo.

Pensemos en el tiempo cuando Jesús vivió en la tierra. Contó una historia sobre obreros que salieron a trabajar al campo y agregó a sus discípulos, que pronto él iría a Jerusalén donde moriría. La madre de dos de ellos se acercó y "le adoró" (Mateo 20:20). Jesús le preguntó qué quería. Ella le explicó que le pedía que Jacobo y Juan, sus dos hijos, tuvieran el el honor de sentarse a la derecha e izquierda de Jesús en la gloria, porque quería para ellos un puesto de honor. Su pedido provocó el celo de los demás.

Sin embargo, ahora mismo ya podemos tener el privilegio de estar sentados con Cristo y esta verdad puede hacer que otros tengan deseos similares. No tenemos que tener celo de ello porque todos pueden sentarse con Cristo en ese lugar de celestial bendición. La tragedia está en que perdamos de vista lo que puede ser nuestra rica herencia cada día.

Una vez un hombre tomó un huevo de águila y lo llevó a su casa. Lo puso entre huevos de gallina. Un día nacieron los pollos y el aguilucho. Jugaban juntos todos los días y la madre los cuidaba a todos. Pronto los pollos alcanzaron un tamaño normal y el aguilucho siguió creciendo. Los pollos andaban picoteando por el gallinero y vivían felices como cualquiera de su especie. El águila parecía estar fuera de lugar y siempre miraba al cielo. Sabía que su lugar no era el gallinero con aquellas pobres aves. Veía el cielo azul y entonces estiró las alas y comenzó a volar. ¡Había encontrado su lugar en el cielo! Había estado extrañando sus elevados dominios por demasiado tiempo.

Como cristianos, nuestro privilegio es el de volar como águilas. Hay demasiados que no disfrutan de esa posición de reyes alrededor del trono de Dios que les corresponde. Debemos clamar por nuestro privilegio y vivir donde Cristo está sentado hoy.

III. La vida en el plano superior nos da lo que necesitamos

Algunos tienen la idea de que, si empiezan a vivir la vida espiritual, van a ser privados de lo que es realmente la vida. La verdad es que, cuando no logramos sentarnos con Cristo en la gloria, es cuando ya estamos desprovistos de riquezas y provisiones que necesitamos. El llamado del pasaje es el de poner la mira en las cosas de arriba y no en las de la tierra. Las riquezas de la gloria están con Cristo en los cielos. Él puede proveer para todas nuestras necesidades. Él es la fuente de agua de vida, el pan de vida, el camino, la verdad y la vida. En Filipenses 4:19 dice que Dios es poderoso para suplir todas nuestras necesidades en gloria por Cristo Jesús. Necesitamos estar sentados con él en forma consciente de modo que las ricas provisiones de Dios pueden sernos otorgadas hoy.

Recordamos la historia de los hebreos que erraban en los desiertos después de su liberación de Egipto. ¿Cómo pudieron vivir durante cuarenta años en una tierra de roca y arena, abrasada por el sol, con frío o calor? Porque Dios les daba su provisión. No había ríos en el desierto. Pero una "Roca" les seguía durante los cuarenta años. De esa "Roca" fluían ríos de agua que les daban lo necesario para más de dos millones de personas, como también a sus ganados, ovejas y perros. Agua para beber, agua para higienizarse, agua para toda necesidad. La Biblia dice: "Y la Roca espiritual que los seguía era Cristo" (1 Corintios 10:4).

Durante ese mismo período, Moisés fue a una montaña a recibir los Diez Mandamientos de parte de Dios. En esos cuarenta días no comió ni bebió porque Dios le sustentaba (Deuteronomio 9:9,18). Dios sostiene también hoy a su pueblo. Hay muchos que saben todo lo que significan esas palabras. Muchos fieles siervos del Señor y miles de otros cristianos por todo el mundo viven con raciones mínimas. La mayoría de los pastores del tercer mundo no tienen ni automóvil ni beneficios de retiro. Muchos comen carne de caballo o alguna otra dieta escasa. Saben qué es el sacrificio. Esos "cristianos de primera clase" que viven en un plano superior saben qué es la provisión de Dios. Saben qué es tener una vida escondida con Cristo en Dios (v.3). Saben lo que es pasar necesidad y sin embargo, tener lo suficiente. Todos nosotros, sea en la prosperidad, sea en la necesidad, sabemos que en Cristo tenemos riqueza espiritual que suple toda necesidad.

IV. La vida en las alturas espirituales es permanente

Las palabras que leemos sobre Cristo sentado a la diestra de Dios o sobre la vida escondida con Cristo en Dios nos hablan de una vida perdurable. Jesús está perpetuamente a la diestra del Padre. Nuestras vidas están permanentemente escondidas con Cristo en Dios. La única vida que permanece con su valor en forma perdurable es la que está en Cristo. Pablo recuerda a los cristianos de Roma que si vivimos "conforme a la carne", moriremos (8:13). El "viejo hombre" debe ser hecho a un lado. Si no, sufriremos grandes pérdidas. Notemos el caso de Sansón, que fue uno de los jueces elegidos por Dios durante los años oscuros de la historia de Israel (1400 - 1150 a.C.). Nunca aprendió a vivir en el plano superior por mucho tiempo. Jugueteaba con su vieja naturaleza y como resultado sufrió una temprana muerte física. Fue salvado, pero perdió muchas bendiciones a causa de su vieja naturaleza, que dominaba a la nueva. Ese es el significado de 1 Corintios 9:24. Debemos poner nuestro cuerpo en sujeción y vivir en el plano superior o sufriremos grandes pérdidas aun cuando mantengamos la vida eterna. Sólo cuando ponemos nuestra mira en las cosas de arriba y vivimos de acuerdo a esa vida, encontramos la permanencia de las bendiciones de Dios en el momento actual.

Hay un insecto que vuela sobre los estanques o lagos. Tiene grandes alas y bebe cuando se acerca a la superficie. Pero siempre tiene cuidado de no mojar sus alas. Si eso ocurre, no podrá volar. Se hunde en el agua y se ahoga. El cristiano debe vivir en el mundo y sin embargo no puede permitir que sus alas se mojen en el mundo. En Juan 17, Jesús oró para que Dios no sacara a sus seguidores del mundo pero que los guardara del mal (17:15). La vida en el nivel superior nos da la palabra de seguridad de que podemos vivir para su gloria y para nuestro bien día tras día.

V. La vida en el plano superior da grandes perspectivas

El versículo 4 de este capítulo contiene algunas verdades asombrosas: "Cuando Cristo, vuestra vida, se manifieste, entonces vosotros también seréis manifestados con él en gloria".

Actualmente enseño una clase bíblica en idioma español en nuestra penitenciaría estatal en Hondo, Texas. Tenemos ese estudio los martes a la noche con unos veinticinco internos y estamos analizando el libro de Colosenses. Varios de estos "estudiantes" son de México, uno de Colombia y otros de distintas partes de los Estados Unidos. Muchos de ellos han llegado a ser mis mejores amigos. Mientras hablábamos de "Cristo nuestra vida" un preso nacido en México, que nunca había leído la Biblia, casi saltó de su silla. Entonces hablamos sobre esta perspectiva de aparecer con él en gloria. Casi gritaba con una gran sonrisa que le brillaba en la cara. En ese momento llegó a comprender las perspectivas que tenía en realidad en Cristo. Ya había hecho una confesión pública de fe y había sido salvado varias semanas antes. El capellán lo había bautizado la semana anterior, pero recién ahora abría sus ojos a las perspectivas que Dios tiene para él en el futuro. Llegó a excitarse tanto ante ese versículo que dijo que quizá Dios quería que se dedicara a su ministerio para decir a otros todo el amor del Señor por ellos.

Ciertamente nos espera un nuevo día de gloria. De hecho, toda la creación pasará por una renovación cuando Jesús vuelva. Isaías 35 nos dice que "el desierto florecerá como la rosa". El universo volverá a estar bajo la mano soberana de Dios sin la intervención del demonio. El cristiano será cambiado a la imagen de Jesús (1 Juan 3:1-3). Experimentaremos una transformación que dejará detrás todo rastro de debilidad, pecado y desesperación. ¡Apareceremos con él en la gloria!

Para asegurarnos una vida superior de bendición y dicha es necesario que comencemos a vivir con Cristo en el plano de las "cosas de arriba" hoy mismo. Renunciemos a las obras de las tinieblas. Hagamos que Cristo sea nuestra vida hoy. ¿Cómo es posible que no aprovechemos ya la vida que él nos ofrece?

Haced morir, pues, lo terrenal en vosotros: fornicación, impureza, pasiones desordenadas, malos deseos y avaricia, que es idolatría; cosas por las cuales la ira de Dios viene sobre los hijos de desobediencia, en las cuales vosotros también anduvisteis en otro tiempo cuando vivíais en ellas. Pero ahora dejad también vosotros todas estas cosas: ira, enojo, malicia, blasfemia, palabras deshonestas de vuestra boca. No mintáis los unos a los otros, habiéndoos despojado del viejo hombre con sus hechos, y revestido del nuevo, el cual conforme a la imagen del que lo creó se va renovando hasta el conocimiento pleno, donde no hay griego ni judío, circuncisión ni incircuncisión, bárbaro ni escita, siervo ni libre, sino que Cristo es el todo, y en todos.

Colosenses 3:5-11

Capítulo 11

Asesinato legítimo

Entre 1939 y 1945 se peleó la Segunda Guerra Mundial que costó más vidas que cualquiera otra de la historia. Más de 55 millones de personas, militares y civiles, murieron en ese lapso. Rusia perdió 25 millones y Polonia casi un cuarto de su población.

En 2 Crónicas 13 se cuenta de un lóbrego período de crímenes. La nación hebrea se sumergió en una guerra civil que costó medio millón de bajas al reino del Norte.

Hoy oímos de crímenes y matanzas que tienen lugar a nuestro alrededor. Los periodistas se han acostumbrado tanto a informar de asesinatos que el horror de la muerte pocas veces les perturba ni a ellos ni a su audiencia.

Por eso, pueden resultarnos chocantes oír que la Biblia dice que está bien matar. Pero en Colosenses 3:5 dice: "Haced morir lo terrenal en vosotros". Tenemos que matar, aniquilar los malos hechos. Podemos asesinarlos legítimamente.

I. Debemos matar la impureza

Hay varias palabras del versículo 5 que caben en el concepto de "impureza": fornicación, impureza, pasiones desordenadas, malos deseos. Cada palabra tiene un significado distinto, pero todas se refieren a la inmoralidad o impureza.

"Fornicación" se refiere a la impureza sexual. Este pecado ha llegado a ser tan común que el público lo acepta como uno de los aspectos no llamativos del hombre moderno. La palabra "pornografía" está relacionada con la fornicación en el idioma griego. Hubo actos inmorales en tiempos de Moisés y en tiempos de Jesús. En cierta ocasión, los líderes religiosos llevaron a una mujer delante de Jesús. Declararon que era culpable de adulterio y que, de acuerdo a la ley de Moisés, debía ser apedreada. Jesús no la condenó, sino que le dijo que se fuera y no pecara más. Pablo enseña la misma verdad, en el fondo. Dice que debemos matar todas nuestras relaciones no santas.

Las pasiones desordenadas se refieren a la homosexualidad que es condenada fuertemente en Romanos 1:26-27. De hecho, tanto el Antiguo como el Nuevo Testamento advierten contra este pecado que trae la ira de Dios sobre los culpables. El libro del Apocalipsis declara que esas personas están excluidas de los cielos. A los ojos de muchos hoy, ese pecado es un acto legítimo. Se hacen intentos para dar aprobación a cualquiera que lleve una vida pervertida. Ni siquiera los monos, los pájaros o las ratas se entregan a ese tipo de actos. El demonio ha ganado una gran victoria cuando puede llevar el más elevado orden de Dios a las profundidades más abominables de depravación.

Todas formas de impureza deben ser condenadas a muerte. Si no logramos "matar" a alguna, entonces ese estilo de vida trae muerte al culpable. Alejandro Magno vivió trescientos años antes de Jesús. Filipo de Macedonia, su padre, buscó los mejores maestros para su hijo y el gran filósofo Aristóteles llegó a ser su preceptor. Alejandro se convirtió en un hombre instruido en todos los campos de los estudios antiguos. Cuando murió Filipo, Alejandro se convirtió en el jefe de sus ejércitos y conquistó todo el mundo antiguo. Cuando tenía 33 años, marchó contra la antigua Babilonia y conquistó aquella tierra lejana. Después de unos pocos días de enfermedad y alucinaciones, murió a esa edad temprana. El guerrero más joven y más famoso de la historia mundial se convirtió en la víctima de su vida intemperada e inmoral. No hay otro camino que llevar a la muerte la impureza.

II. La avaricia debe morir

En el pasaje hace también referencia a la "avaricia, que es idolatría" (v.5). La palabra "avaricia" tiene un origen griego que significa "tener más" y la que designa "más" se relaciona con la de pradera o pampa en nuestro idioma. De ese modo, la idea es la de aferrarse a todo lo que se puede obtener.

Jesús habló de los peligros de la avaricia. Dijo: "Mirad, y guardaos de toda avaricia; porque la vida del hombre no consiste en la abundancia de los bienes que posee" (Lucas 12:15). Por su parte, en Proverbios 28:16, Salomón dice que el que odia la avaricia prolongará sus días.

Una persona puede ambicionar fama, fortuna o poder. Debemos mencionar un aspecto positivo. Tener que procurar "los dones mejores" (1 Corintios 12:31). Hemos de ambicionar aquello que honra al Señor. Tenemos que luchar por lo más elevado de la vida cristiana. Sin embargo, no tenemos que buscar aquello que no es la voluntad de Dios. Debemos prevernos de toda avaricia. En Miqueas 2:2 se habla de quienes ambicionan los campos y las casas de otros y que oprimen a sus compatriotas para quitarles su heredad. Es a ese tipo de deseo ilegítimo que debemos ponerle la guillotina, que necesita ser muerto.

Corre la historia de que en algunos países africanos, los nativos atrapan a los monos con un método ingenioso. Hacen agujeros en calabazas, ponen algunas nueces adentro y las cuelgan de los árboles. Los monos llegan hasta la calabaza, meten la mano, toman algunas nueces y luego no pueden sacar la mano. Se quedan aferrando las nueces antes que abrir la mano y perderlas. De ese modo, los nativos pueden capturarlos a causa de su avaricia.

Es interesante que la Escritura equipara la avaricia con la idolatría. Las cosas de la vida pueden llegar a ser nuestros ídolos, nuestros dioses. No sorprende que Pablo nos diga que hagamos morir la avaricia.

III. Deben morir la ira y el enojo

La ira abarca todos los malos sentimientos que encandilan como pasto ardiente o un volcán en erupción. Cuando John Adams cumplió su segundo período como presidente de los Estados Unidos, se postuló otra vez, pero fue derrotado, lo que le hizo enojar. El día en que su sucesor prestó juramento, se fue de la ciudad en la mañana temprano y el país se quedó sin presidente durante seis horas. ¡Hay que matar la ira!

La ira es un tipo de enojo que se va armando lentamente, pero que se hace difícil de extinguir. Cuando arde un leño en el campo, pueden pasar días y aun semanas antes de que se acabe. Una persona puede "alimentar" su ira y mantenerla con vida por un largo período. La ira y el enojo puede perdurar en una vida a causa de algún fracaso o aun por el éxito de otros. Hagamos morir esas enfermedades emocionales.

La malicia necesita ser muerta. Es el deseo que uno siente de hacer mal a otro. Es la mala voluntad llevada al límite. Un ejemplo de esa enfermedad espiritual, llevada al extremo, se ve en el caso del rey Saúl. Se enojó con David, alimentó su ira día tras día y entonces trató de destruir al hombre a quien Dios había escogido para ser rey en su lugar. Todo cristiano necesita tener un cementerio de buen tamaño para enterrar allí las emociones de ira, enojo y malicia, de tal modo que nunca resuciten.

IV. Debe morir la mala forma de hablar

La blasfemia y la conversación sucia pueden salir de cualquier boca. Se puede blasfemar tanto contra los hombres como contra Dios. Debe terminarse con toda forma de hablar que degrade el nombre de otro.

Cuando Pablo habla de "palabras deshonestas" se refiere a la conversación desvergonzada, no importa cuáles sean exactamente las palabras.

El mundo se ha tornado muy sensible a la contaminación ambiental. Se toman medidas para que los automóviles no contaminen el aire. Protegemos las selvas para que los árboles y pastos puedan purificar la atmósfera y mantener un ambiente saludable. Se crean departamentos de gobierno con el fin especial de vigilar la protección del medio. Y entonces, ¿no se podrá poner una multa a los que contaminan nuestro orden, vida moral y espiritual?

El hombre es la más elevada de las criaturas de Dios. Y es la única que sabe cómo blasfemar y tener comunicación con otros de modo de perturbar su bienestar. Pablo nos recuerda que ese estilo de vida debe terminar. Todo lenguaje inexcusable debe morir. ¡Enterremos el lenguaje sucio!

V. Debe morir la falsedad

El versículo 9 ordena: "No mintáis los unos a los otros". Jesús nos recuerda en Juan 8:44 que el demonio es mentiroso y padre de mentira. No dijo la verdad en el jardín del Edén. Dios dijo que si el hombre le desobedecía y comía del árbol prohibido, moriría. Satanás dijo: "No es así. Vamos, coman y llegarán a ser como Dios". En Proverbios 12:22 dice que los labios mentirosos son abominación a Dios.

En cierta ocasión, el rey de Siria tenía un oficial en su ejército llamada Naamán. Una muchacha hebrea dijo al rey que Eliseo, el profeta de Israel, podía curar la lepra del general. Cuando Naamán fue a verlo, Eliseo le mandó a decir que se sumergiera siete veces en el río Jordán y se sanaría. La orden fue cumplida de mala gana y el hombre se sanó. Eliseo se negó a recibir una ofrenda por la cura milagrosa. Pero su siervo corrió detrás de Naamán y le dijo que el profeta lo había mandado para que le diera dos juegos de ropa y un talento de plata porque le habían llegado huéspedes inesperados (2 Reyes 5:20-22). Dijo una mentira y la lepra cayó sobre él. Mentir es un mal hábito y la falsedad debe ser condenada a muerte.

Hay tres razones básicas que pueden enunciarse para despojarse de las obras del viejo hombre terrenal. No es posible que convivan bien el viejo y el nuevo en Cristo. Hay guerra entre ambos. La vieja ropa no cae bien al nuevo hombre. Leemos en Colosenses 3:10 que el cristiano debe ser "revestido del nuevo (hombre), el cual, conforme a la imagen del que lo creó, se va renovando hasta el conocimiento pleno". Una vez más somos hechos a la imagen del Creador. Somos hombres nuevos. ¿Podemos entender esta verdad? Se nos ha dado o imputado la justicia de Dios. Tenemos un nuevo corazón, una nueva vida. Por lo tanto, no podemos permitir que siga viviendo el viejo hombre.

En segundo lugar, el juicio de Dios cae sobre los hijos de desobediencia. No se trata sólo de que Dios llevará a juicio a los perdidos, sino que también los cristianos deben rendir cuentas de sí mismos ante Dios. Las leyes de la gravedad actúan y dicen que, si una persona se tira desde lo alto de un edificio, caerá hasta el suelo. Cuando ocurre algo así, se rompen las leyes que cuidan la salud. De la misma manera, el juicio cae sobre los que hacen a un lado lo que Dios les ordena. Sansón sufrió enormemente porque dejó entrar el pecado en su vida con frecuencia. Cayó el juicio sobre él, tal como viene sobre aquellos que hoy llevan una vida desordenada.

Una tercera razón para que muera la vida vieja es que "Cristo es el todo y en todos" (3:11). O sea que él nos transforma y nos une. Nos da la victoria sobre los hábitos pecaminosos y derriba los muros que separan a los cristianos. Somos uno en Cristo. Hemos de condenar a muerte al viejo hombre y el viejo estilo de vida y permitir que nos domine la nueva vida en Cristo.

En el siglo XVIII vivía en Inglaterra un sujeto llamado Matías Joyce, quien llevó una existencia muy perversa. A los quince años, trató de matar a un muchacho con unas tijeras. A los diecinueve se había dado a la bebida e intentó suicidarse.

Luego quiso matar a uno de sus compañeros de avería. un día vio una multitud y se acercó. El gran predicador Juan Wesley estaba hablando en un campo y al oírlo Joyce fue maravillosamente convertido. Pronto Dios lo llamó al ministerio y pasó los treinta años siguientes como poderoso siervo del Señor en su país natal.

Hace dos mil años Dios cambió a Pablo, como había cambiado la de aquel inglés. Hoy Jesucristo sigue cambiando los corazones de aquellos que ponen su confianza en él. Puede llevar a la muerte la vieja vida y dar una nueva. Todos debemos condenar a aquélla y revestirnos de su justicia.

Vestíos, pues, como escogidos de Dios, santos y amados, de entrañable misericordia, de benignidad, de humildad, de mansedumbre, de paciencia; soportándoos unos a otros. De la manera que Cristo os perdonó, así también hacedlo vosotros. Y sobre todas estas cosas vestíos de amor, que es el vínculo perfecto.

Colosenses 3:12-14

Capítulo 12

Una vestidura correcta

Permítaseme hacer una pregunta de sólo tres palabras: "¿Quién eres tú?" Alguno puede contestar: "Soy peruano" o "Soy español". Otros dirán, por ejemplo: "Soy José Salinas". Y hasta habrá quien piense: "No sé quién soy".

Prestemos atención a la primera parte del versículo 12. Allí se dice que somos escogidos de Dios, santos y amados. Quizá alguno no haya podido darse cuenta antes de que era uno de los elegidos de Dios. En el Antiguo Testamento, el pueblo escogido era Israel. Dios llamó a Abraham desde Caldea y lo transformó en una gran nación. Los hebreos de la antigüedad eran llamados "pueblo escogido". Hoy cada cristiano es una persona escogida. Somos el pueblo seleccionado por Dios. Esto debe darnos un nuevo sentido de nuestro valor.

¿Quién eres tú? ¿Eres santo? Pablo dice que somos santos de Dios. De hecho, tenemos a muchos santos a nuestro alrededor. Quizá no brille mucho el halo sobre nuestras cabezas. A algunos parece que se les ha caído. Pero somos los santos vivientes de Dios. Aun el más débil cristiano es un santo.

El pasaje también dice que somos amados de Dios. El Señor nos declara amados suyos. El amor de Dios es derramado en nuestros corazones por el Espíritu Santo y somos objetos especiales de ese amor, del que nació para nosotros en el Calvario.

Como pueblo especial de Dios, debemos actuar de la manera que corresponde. No necesitamos asumir un aire espiritual. Si vamos a un aeropuerto o a un supermercado, vemos a gente que se viste con cualquier clase de ropa, inclusive vieja y sucia. Pareciera que algunos recién han salido del depósito de basura. En otros tiempos, la gente no salía a la calle y menos aún iba a la iglesia sin ponerse sus mejores ropas. Hoy nos hemos transformado en gente que viste "informalmente", como se dice. Los mayores recuerdan aquel tiempo cuando vestirse bien costaba una fortuna.

En algunos lugares la gente todavía usa ropas elegantes. Los modelos de París, Londres o Nueva York siguen captando la atención de muchos y no son pocos los que gastan mucho dinero en estar a la moda.

En Colosenses 3:12-14 nos dice cómo se debe "vestir" el cristiano. En los versículos anteriores, leemos que debemos hacer a un lado el viejo hombre, como si fuera un vestido viejo y aquí se nos explica que debemos ponernos algo nuevo. Veamos cuáles son las prendas que mencionan.

I. Debemos vestirnos de: compasión

La palabra "compasión" está compuesta de "pasión" y "con" o sea que el sentimiento con que abarcamos al otro. En las traducciones más comunes se usa la palabra "misericordia", agregando que debe ser "entrañable" o sea surgir desde lo más íntimo. En Lucas 1:78 se habla de "la entrañable misericordia de nuestro Dios, con que nos visitó desde lo alto la aurora". Esa "aurora" que nos ha visitado es Jesucristo, quien vino al mundo por la misericordia de Dios.

Jesús dijo que tenía compasión de la gente al verla desparramada como ovejas que no tienen pastor. Es la misma compasión que hemos de tener nosotros hacia quienes nos rodean.

El profeta Jeremías vivió en Jerusalén y su ministerio tuvo lugar unos pocos años antes que los babilonios capturaran Jerusalén en el 586 a.C. El profeta dijo a los hebreos que si se rendían, vivirían. Si no lo hacían, los babilonios capturarían la ciudad y matarían a la gente, mientras llevaban a otros al cautiverio. El rey Sedecías se disgustó con esas profecías y puso a Jeremías en una mazmorra, que en realidad era una cisterna en los fondos de la prisión. El lugar era horrible, semilleno con agua y barro. Jeremías se hundió hasta los hombros, hasta que un etíope (posiblemente un negro), llamado Ebed-Melec, que estaba al servicio del rey, oyó donde estaba el profeta. Fue a ver a Sedecías y le dijo que Jeremías iba a morir si quedaba en ese lugar, que le habían hecho un gran mal y que allí no tenía nada para comer (Jeremías 38:1-13). Le dieron treinta hombres para ayudarle a sacar al profeta del pozo. Dejó caer sogas, envueltas en trapos para que los pusiera debajo de sus brazos y lo sacaron de aquel lugar de muerte. Eso representa un notable caso de compasión.

Si Dios nos pone a prueba con una sola pregunta: "¿Eres tú una persona compasiva?", ¿qué podríamos decir? ¿Qué piensa el Señor de la forma en que nos cuidamos de otros?

II. Debemos vestirnos de: amabilidad

La palabra que tiene esa idea es la que se traduce como "benignidad" y tiene un significado parecido a "misericordia". Quizá Pablo puso "benignidad" por si no se había captado todo el significado de la primera.

El libro de los Salmos menciona muchas veces esa virtud, a veces con una frase. En los salmos: 17:7 se habla de las "maravillosas misericordias" de Dios en 25:6 de "tus piedades y misericordias" y en 36:7 se menciona la excelencia de la misericordia divina. Dios es bueno para con nosotros.

Los esposos deben ser bondadosos para con el otro. Un viejo pastor, que estaba cerca de sus bodas de oro, dijo que él y su esposa trataban de orar juntos dos veces por días cuando él estaba en casa; nunca se habían dicho una palabra no amable en sus cincuenta años de vida matrimonial. ¿Por qué no puede ser así con todos?

En Colosenses 4, Pablo dice que los amos deben hacer lo que es justo y recto con sus siervos. En otras palabras, el empleador debe ser amable con sus empleados y los empleados deben ser amables y justos con sus patrones.

Benjamín Franklin inventó los anteojos bifocales, descubrió el uso de la electricidad y es recordado como uno de los grandes hombres en la historia norteamericana. Trabajaba para su hermano mayor en un periódico e imprenta en Nueva York. Desde los doce hasta los dieciséis años, el hermano nunca le pagó por su trabajo y a menudo lo golpeaba. Franklin se escapó de su casa por la crueldad de su hermano. Por eso, Pablo nos dice que debemos ser amables.

Volvamos a la idea del hogar. ¿En qué formas pueden el esposo, esposa e hijos mostrar amabilidad unos a otros? Quizá sea necesario que el marido lave los platos, tienda las camas, barra los pisos; si los niños cuelgan sus ropas y ayudan en otras tareas, toda la familia será más feliz. Los padres deben ser gentiles con sus hijos, darles aliento y tener amabilidad. Algunos adultos son más bondadosos con los animales que con sus hijos.

Un día fue alguien a visitar al presidente Abraham Lincoln a la Casa Blanca. No estaba y un hijo le explicó que su padre se había ido a la estación ferroviaria a buscar a alguien. El visitante dijo que no lo conocía y si podría ubicarlo. El hijo le contestó: "Busque a alguien que esté ayudando a otra persona y ése será mi papá". ¿Estamos vistiendo hoy una vestidura de amabilidad? ¿La usamos todos los días?

III. Debemos vestirnos de: humildad

En el versículo 12 dice que debemos vestirnos de humildad. Cuando buscamos esa palabra en el diccionario, encontramos que habla de pobreza, blandura, rebajamiento, conciencia de las propias faltas o defectos, modestia o falta de orgullo y altivez.

Los soldados que vigilaban a Pablo en la prisión en Roma estaban llenos de orgullo por estar al servicio del emperador Nerón. Exhibían la gloria de su posición por sobre un humilde prisionero. Pero Pablo insistía en que los cristianos deben estar revestidos de humildad.

Cuando pensamos en la grandeza de Dios y en nuestra responsabilidad ante él, ¿cómo es posible que tengamos orgullo? Si estamos ante la majestad de Dios, ciertamente nos inclinaremos ante nuestro Creador con humildad. Cuando pensamos en Jesús, que declaró que él era manso y humilde de corazón, ¿cómo podremos tener orgullo? La humildad es una virtud y no un defecto. Debemos usarla como vestidura.

Sir Isaac Newton vivió en Inglaterra y murió en 1727. Durante 33 años fue profesor de matemáticas y astronomía en la Universidad de Cambridge. Los historiadores y los científicos aún afirman que fue uno de los más grandes hombres que hayan vivido. A los veintitrés años, era capaz de explicar la ley de gravedad y pronto calculó cuánto de esa fuerza era necesario para mantener la luna en el espacio. Escribió un libro famoso sobre matemáticas en latín, un comentario sobre Daniel y Apocalipsis y otras obras que son hechos destacados de la historia.

Hay algunos episodios humorísticos que se cuentan sobre él. A veces estaba tan sumergido en sus pensamientos que, cuando se levantaba por la mañana, se quedaba sentado por una hora en el borde de su cama, en profunda meditación antes de vestirse para ese día. A veces cuando le traían la comida al estudio, se olvidaba de ella y el segundo plato llegaba antes que hubiera probado el primero. Una vez andaba a caballo por una colina escarpada; desmontó y caminó hasta una puerta, la abrió y comenzó a guiar al animal a través de la puerta, pero el caballo aún estaba al pie de la colina, esperando ser guiado cuesta arriba. A los 84 años, alguien lo felicitó por sus grandes conocimientos. Dijo: "Soy sólo un niño frente al mar, levantando un guijarro aquí y otro allá, pero el gran océano de la verdad sigue delante de mí". Es un ejemplo de la vestidura de humildad que debemos usar.

IV. Debemos vestirnos de: mansedumbre y paciencia

Una vez más encontramos dos palabras relacionadas en su significado, aunque no digan precisamente lo mismo. La mansedumbre incluye la idea del autocontrol. La paciencia implica saber soportar algo por mucho tiempo. Aquí significan que se deben aguantar las pruebas que podrían provocar una reacción negativa hacia otros.

Podemos recordar las muchas veces que Saúl maltrató a David. Este mostró una bondad inusual hacia el rey hostil. No buscó venganza. Aun cuando trató de matarlo y cuando mandó a sus soldados en su contra, David continuó practicando la mansedumbre y la paciencia. Probablemente no hay mejores ejemplos de alguien que soportó a otro fuera de las historias de David y Saúl que encontramos en 1 Samuel 17 al 31.

En Colosenses 1:11, Pablo habla de la necesidad de la paciencia. Podemos orar pidiendo esa virtud para nuestras vidas. Podemos aprender a controlarnos cuando otros dicen malas cosas de nosotros o cuando estamos por derrumbarnos bajo las presiones de la vida. Son cualidades espirituales que vienen de parte de Dios; no son algo normal que tenga todo el mundo.

Recordemos la paciencia de Dios para con Faraón en Egipto. O cuando trató con Jonás para que fuera a Nínive. Y sigue mostrándola para con nosotros hoy también. ¿Qué ocurriría si la mansedumbre y la paciencia de Dios se interrumpieran súbitamente? ¿Dónde estaríamos? Aprendamos a imitar a Dios en nuestro trato con los demás.

V. Debemos vestirnos de: perdón

Se podrían escribir muchos volúmenes con lo que dice el versículo 13 sobre el perdón: "Perdonándoos unos a otros, si alguno tuviere queja contra el otro. De la manera que Cristo os perdonó así también hacedlo vosotros". ¿Tenemos realmente alguna queja contra otro? Si tenemos ese problema, la Biblia nos dice que debemos perdonar, o sea que no debemos mantener vivo nuestro rencor. "Perdón" es una palabra bendita. Implica no recordar más algún hecho malo que nos hayan inflingido.

Pablo dice que debemos perdonar de la manera que Cristo nos perdonó a nosotros. Cuando él estaba en la cruz dijo: "Padre, perdónalos porque no saben lo que hacen". En Lucas 7:37-50, leemos la hermosa historia de la mujer que amó tanto a Jesús porque él perdonó sus pecados. Cuando nos damos cuenta de la medida en que Cristo perdonó, le amaremos más y comenzaremos a perdonar a otros.

James Ogletorphe sirvió 32 años en el parlamento de Inglaterra. Vino a América en 1732 y comenzó la colonia de Georgia como un refugio para los pobres, los perseguidos, los ex convictos, que habían sido expulsados de Inglaterra. Llegó a ser amigo de Juan Wesley. Una vez que éste estaba predicando sobre el perdón, Ogletorphe le dijo: "Nunca perdoné a nadie cuyos pecados me hubieran hecho mal". Wesley le contestó: "Entonces, ojalá usted no peque nunca". Es una respuesta correcta, porque si no perdonamos a otros, Dios no nos perdonará a nosotros y eso puede ocurrir muchas veces.

El emperador francés Napoleón una vez tuvo una amarga discusión con uno de sus oficiales. Tiempo después, llegó al campo de batalla donde aquél había sido muerto. Mirando con emoción el cuerpo ensangrentado del coronel, dijo: "Querría haberle dicho hace mucho que le había perdonado todos los problemas que hubo entre nosotros". Perdonemos hoy y no tendremos que lamentarlo mañana.

VI. Debemos vestirnos de: amor

Pablo dice: "Y sobre todas estas cosas vestíos de amor, que es el vínculo perfecto". ¿Queremos ser perfectos? ¡Entonces amemos! Ese es el vínculo que sujeta la vida. Cuando se dice "sobre todas estas cosas", quiere significar "además de todas estas cosas".

Dibujemos un corazón y pongamos dentro la palabra "amor". Llenemos nuestro corazón de amor y no habrá lugar para el odio ni otra actitud malvada. El amor es el poder que nos mantiene juntos.

Cuando murió Salomón, su reino se dividió y comenzó la guerra. ¿Por qué? Porque no tenían amor. Cuando amamos, nos mantenemos juntos. Por eso, tenemos el llamamiento a ponernos las vestiduras espirituales y usarlas todos los días. Como pueblo regenerado, renacido de Dios, debemos usar tales nuevas vestiduras. Si no lo hacemos, desobedecemos a Dios y atraemos su castigo. Si las usamos, Dios nos bendice en gran manera. Estemos siempre listos para descartar las viejas vestiduras y usar las nuevas y atractivas que Dios ofrece a sus hijos. Hagamos una consagración de ese tipo hoy mismo, diciéndole al Señor: "Vísteme con los ropajes de la belleza y la gloria para este momento y hasta el fin de mi vida".

Y la paz de Dios gobierne en vuestros corazones, a la que asimismo fuisteis llamados en un solo cuerpo; y sed agradecidos. La palabra de Cristo more en abundancia en vosotros, enseñándoos y exhortándoos unos a otros en toda sabiduría, cantando con gracia en vuestros corazones al Señor con salmos e himnos y cánticos espirituales. Y todo lo que hacéis, sea de palabra o de hecho, hacedlo todo en el nombre del Señor Jesús, dando gracias a Dios Padre por medio de él.

Colosenses 3:15-17

Capítulo 13

Oportunidades que cambian la vida

En 1803 Francia vendió a los Estados Unidos el territorio de Louisiana. Incluía la zona del Golfo en Nueva Orleans y, subiendo por el Misisipi hasta el Canadá y a través de los montes Rocallosos. Napoleón tenía demasiados problemas en Francia como para cuidar de esas tierras lejanas y por eso hizo la oferta. La compra de Louisiana fue hecha por quince millones de dólares, o sea un precio muy bajo.

Fue una gran oportunidad y a todos nos gusta aprovecharlas. Para eso tenemos consejos en las Escrituras. Pablo escribe a los colosenses sobre una de ellas. Nos llama a aceptar una de esas cosas que se presentan una sola vez, aunque de hecho, son tres las oportunidades que se mencionan. La primera es la de permitir que la paz de Dios gobierne en nuestros corazones. Otra es la de permitir que la Palabra de Dios more en él. Y la tercera, que hagamos todo en el nombre de Cristo.

I. Que la paz de Dios gobierne nuestras vidas

Notemos las palabras del texto: "La paz de Dios gobierne en vuestros corazones". Si permitimos que ello ocurra, entonces realmente habremos puesto el control de nuestras vidas bajo la paz de Dios. Jesús habló de la paz como de su herencia en Juan 14:27. "La Paz os dejo, mi paz os doy; yo no os la doy como el mundo la da. No se turbe vuestro corazón ni tenga miedo". Jesús nos da ese tipo de paz en medio de la tormenta, como nos lo cuenta la historia que tenemos en Marcos 4:39. Estaba cruzando el mar de Galilea con sus discípulos y él se había puesto a dormir en el bote. Sobrevino una tormenta y los discípulos pensaron que se iban a hundir y despertaron a Jesús. Él dijo al mar que enmudeciera y vino una gran calma. Ese es el tipo de paz que da Jesús en medio de las tormentas de la vida si creemos en él y aceptamos ese don.

Necesitamos la paz de Dios para las rutinas diarias de la vida, porque siempre hay pequeños problemas que nos desgastan. Por ejemplo, puede ocurrir que el perro del vecino no nos deje dormir con sus ladridos. Puede pasar que los chicos lleguen de la escuela demasiado temprano o demasiado tarde. Tal vez esté en mal estado la leche que acabamos de comprar. Esos pequeños hechos son como una bomba de tiempo en nuestro interior. Necesitamos la paz divina.

La necesitamos cuando enfrentamos peligros. Somos casi como David, quien debía escapar continuamente del rey Saúl que quería matarlo. Tenemos enemigos a nuestro alrededor y ciertamente el diablo acecha nuestros pasos, por lo que siempre necesitamos protección.

Algunos animales como la tortuga pueden encerrarse en su caparazón y estar seguros. Los puercos espines pueden desplegar sus púas para protegerse. El león no tiene miedo cuando anda en la selva porque puede luchar con sus garras y dientes. ¿Con qué contamos nosotros? Con la confianza que nos da la paz de Dios en nuestras vidas.

Necesitamos la paz de Dios cuando hay que tomar decisiones. En esos momentos no es adecuado salir a la batalla, porque es necesario que la paz de Dios sea lo que nos gobierne. Cuando vamos a una asamblea de la iglesia, debemos dejar que nos domine la paz de Dios para poder gozar de sus bendiciones. Una misionero dijo jocosamente: "Una asamblea es donde nos dedicamos a orar, orar y orar para después pelear, pelear y pelear". Debemos permitir que sea la paz de Dios la que tome nuestra decisiones. Cuando tenemos que decidir sobre los estudios, los negocios y todo aquello que reclama una opción, la paz de Dios puede ser nuestro mayor recurso.

Necesitamos la paz de Dios en el momento de la muerte. Cuando nos damos cuenta de que "morir es ganancia", entonces la paz de Dios puede llenar nuestro corazón. Si comprendemos que una persona deja esta vida para disfrutar con los redimidos junto al Señor, entonces la paz de Dios comenzará a enseñarnos que, aunque suframos penas y pérdidas, la ida al hogar celestial de un hijo de Dios es una promoción a lo superior. Ahora está gozando de todos los esplendores y glorias del mundo eterno, libre de dolores y sufrimientos. Así es como la paz de Dios puede gobernar en nuestros corazones. Aun cuando Pablo había sido separado de sus amigos, tenía la paz de Dios gobernando en su corazón.

II. Que la Palabra de Cristo more en nosotros

Este es el único lugar de la Biblia donde se hace referencia a la "Palabra de Cristo". No se trata sólo de las palabras que él habló, sino de toda la verdad bíblica. Así pues, la Palabra de Dios debe estar en nuestras mentes y corazones.

Hemos de hacer que ella habite en nuestros corazones, palabra que implica que está viviendo allí. Es la misma palabra que "casa". Vivimos en una casa. Algunos permiten que la Palabra de Dios llegue como una visita dos o tres veces por año, pero no que habite dentro de ellos. Lo necesario es que proveamos un lugar para ella.

Además, debe ser así "en abundancia", o sea que debe dejar un rico depósito en el alma. Debe tener un lugar amplio.

No tenemos que darle quejosamente un rinconcito. Más bien, debe llenar toda nuestra vida. Desde lo alto de nuestra cabeza hasta la planta de los pies, de dentro hacia afuera la Palabra de Dios debe tener un gran lugar en nuestros corazones.

En Deuteronomio 6:6-9, leemos que Moisés enseñó al pueblo que la Palabra de Dios debía estar en sus corazones. Debían escribirla en los postes de las casas y enseñarla a sus hijos, a la mañana y al acostarse. Debían atarla a sus brazos y a sus frentes. Era un desafío a dar un lugar amplio a la Palabra de Dios en sus vidas.

Debemos meditar diariamente en la Palabra de Dios. Nuestra vida cambiará si seguimos esta apelación que él nos hace. Si leemos un capítulo de la Biblia al día y permitimos que su mensaje se sumerja en nuestros corazones, seremos renovados. Leyendo quince minutos por día, leeremos toda la Biblia en cuatro años. Si como familia leemos un capítulo y hablamos de él por unos minutos, sabremos más de ella que algunos profesores universitarios.

Debemos permitir que la Palabra de Dios nos enseñe y amoneste, para ser enseñados y corregidos. El mundo nos enseñará sus filosofías. Los diarios, la televisión y la radio nos bombardean con todo tipo de afirmaciones. El mundo nos pretende enseñar que hagamos a un lado la moralidad y la decencia. La Palabra de Dios nos da instrucciones para una vida correcta, en verdad e integridad.

La Palabra de Dios debe encontrar su expresión por medio de la música. Pablo dice que debemos enseñarnos unos a otros "con salmos e himnos y cánticos espirituales". De ese modo, los teólogos se transforman en musicólogos. Debemos enseñar y aprender la Palabra de Dios por medio de la música así como por medio de la educación y la predicación. Leemos sobre el cántico del pueblo de Dios cuando María, la hermana de Moisés, los dirigió según nos cuenta Exodo 15. En Mateo 26 dice que Jesús y sus apóstoles cantaron luego de la cena pascual. Pablo y Silas cantaron en la prisión. En Apocalipsis 5:9-11 leemos sobre los millones que cantan alrededor del trono de Dios.

Podemos cantar los Salmos. Cuando Pablo los menciona en este pasaje, usa una palabra que se refiere a tocar un instrumento. *Psallo* significa eso. David tocaba mientras cantaba al cuidar sus ovejas o alentar al rey Saúl.

Podemos cantar por medio de himnos. Son poemas de alabanza que han sido puestos en música. A lo largo de los siglos, el pueblo de Dios ha cantado esos poemas. Algunos como "Haz lo que quieras de mí, Señor" o "Cantad alegres al Señor" sirven para la alabanza. En el año 110, Plinio era el gobernador de la provincia de Bitinia en Asia Menor. Mandó una carta al emperador Trajano diciendo que los cristianos cantaban alabanzas a Cristo como su dios los domingos por la mañana temprano.

También enseñamos la Palabra de Dios cuando cantamos "cánticos espirituales", lo que se refiere a canciones con un mensaje espiritual. Por supuesto, muchas canciones no tienen un elemento espiritual, aun cuando nos alegre entonarlas. Algunas de las canciones populares son sanas y atractivas pero no las cantamos en la iglesia porque no tienen un sentido espiritual. No tiene nada de malo cantar sobre el amor, la tierra o la amistad pero son temas que no sirven para la iglesia.

Hay un detalle más que se agrega sobre el canto. Hemos de hacerlo "cantando con gracia en vuestros corazones al Señor". Cantar con gracia quiere decir que tenemos conciencia de estar en la presencia de Dios y que nos sentimos contentos de ello. Por eso, cuando cantamos para la alabanza y gloria de Dios, tenemos "cánticos espirituales".

Debemos permitir que la paz de Dios reine en nuestros corazones. También hemos de hacer que su Palabra more en abundancia en ellos. He aquí dos desafíos que nos vienen de parte de Pablo. Pero aún queda un tercero.

III. Que todo sea hecho en el nombre de Jesús

Dicho sencillamente, todo lo que hacemos debe tener la aprobación de Dios. No es que vayamos diciendo: "Ahora hago esto en su nombre". Pero todo lo que se efectúa debe ser con la conciencia de que Cristo lo aprobará.

Las palabras que usamos deben ser aprobadas por el Señor. El versículo 17 declara: "Y todo lo que hacéis, sea de palabra..." Debemos usar nuestro vocabulario con sabiduría. Jesús dijo en Mateo 12:36: "De toda palabra ociosa que hablen los hombres, de ella darán cuenta en el día del juicio". Si hiciéramos caso a ese mandamiento del Señor, ¡suprimiríamos la mitad de lo que decimos! Buena parte de ello no tiene sentido y es inútil. Las palabras de Job 6:24 valen más que muchos libros: "Enséñame y yo callaré". ¿Acaso no pensamos todos que nos sería bueno controlar más nuestra lengua? El libro de Santiago dice mucho sobre su mal uso.

Las palabras usadas "en el nombre de Jesús" pueden ser poderosos instrumentos para el bien. "¡Cuán eficaces son las palabras rectas!" dice Job 6:25. Cuando visitamos a un enfermo o a un preso, o cuando hablamos a los niños que necesitan ayuda, nuestras palabras pueden ser muy eficaces.

En Hechos 3:1-8 se cuenta la historia de un cojo que pidió ayuda a Pedro y a Juan. El primero le dijo que no tenía dinero para darle, pero que "en el nombre de Jesús" se levantara y anduviera. Sus palabras fueron el canal de Dios para cambiar la vida de ese hombre. Entonces él empezó a saltar y caminar y alabar a Dios por sus palabras.

Todos los días podemos testificar a otros en el nombre de Jesús. Y cuando los padres cuidan de sus hijos en el hogar, cuando se está en la cocina, se limpia la casa, se orienta a los niños por el buen camino, todo eso puede ser hecho en el nombre de Cristo. Así será "de palabra o de hecho".

En Hechos 9:36-43 tenemos la historia de Dorcas. Se nos cuenta que murió y que la gente pidió a Simón Pedro que fuera. Cuando llegó, le contaron de las "buenas obras y limosnas que hacía". ¿Podemos pensar en tres o cuatro buenos hechos que hayamos efectuado esta semana en el nombre de Jesús gracias a los cuales haya quienes den gracias a Dios el Padre?

Podemos testificar diariamente a otros sobre Cristo. Cuando una iglesia tiene una buena parte de sus miembros diciendo las buenas nuevas de Jesús quedará poco tiempo para la queja y la murmuración. Estaremos demasiados ocupados contando la historia de la salvación que no podremos hablar de otra cosa.

Una persona que pretenda cumplir buenas obras debe estar en una correcta relación con Dios. Aun aquel que esté trabajando por una buena causa, puede hacerla mala si no está en relación correcta con Dios. En Proverbios 21:4 dice que los pensamientos de los impíos son pecado. ¿Por qué? Porque piensan en usar el fruto de su trabajo de mala manera. Cuando actuamos "en el nombre de Jesús", esa obra llega a ser un sacrificio y un suave aroma asciende al Señor. Lo que se hace en el nombre de Cristo y lo que lleva a dar gracias a Dios es lo que resulta aceptable ante él. Nuestra oración, nuestra predicación y nuestras enseñanzas, así como toda palabra y obra, deben ser hechos en el nombre de Cristo, dando gracias a Dios el Padre.

En cierta ocasión, Jesús fue a un casamiento en Caná. Se había acabado el vino. María se lo dijo al Señor y luego a los encargados les indicó: "Haced todo lo que él os dijere". ¿Diremos que sí a Jesús en lo que nos pide hoy? Que la paz de Dios gobierne en nuestra vida, que su Palabra more en nosotros y que todo lo hagamos en su nombre.

Casadas, estad sujetas a vuestros maridos, como conviene en el Señor. Maridos, amad a vuestra mujeres, y no seáis ásperos con ellas. Hijos, obedeced a vuestros padres en todo, porque esto agrada al Señor. Padres, no exasperéis a vuestros hijos, para que no se desalienten.

Colosenses 3:18-21

Capítulo 14

El plan de Dios para la familia

Tiempo atrás los esquimales vivían en casas que llamaban "iglús". Un inglú es una casa hecha de trozos de nieve congelada. Cuando los europeos llegaron a América encontraron a los indios viviendo en chozas. En cualquier enciclopedia se nos dice que hay mucha gente que vive en cuevas o en canoas o pequeñas naves en los ríos en muchas partes del mundo. Nosotros generalmente habitamos en casas de diseño más tradicional, aunque difieran una de la otra. A veces cambiamos tanto el interior como el exterior.

Lo que no cambia es el diseño de la familia, ya que es Dios mismo el que lo ha establecido desde el comienzo de la historia humana, es una relación de padre, madre e hijos. Cualquier distorsión de ese designio divino es contrario a sus planes. Por eso, es importante que prestemos atención a la forma en que Pablo trata el tema de la familia cristiana.

I. La esposa acepta al esposo como cabeza de la familia

Este orden divino es reconocido por los cristianos. Dios hizo al hombre del polvo de la tierra y respiró en él el soplo de vida. Entonces hizo a la mujer del cuerpo del hombre. Este fue hecho primero para que fuera el líder de la casa. En Génesis 3:16, Dios habló a Eva diciéndole: "Tu deseo será sujeto al de tu marido".

Pablo señala la misma verdad en el pasaje de Colosenses 3:18: "Casadas, estad sujetas a vuestros maridos". El verbo que se traduce por "estar sujetas" está en tiempo presente lo que indica que la esposa debe permanecer sujeta a su marido. También indica que uno está bajo el poder o el control de otro. No es un tipo de sumisión degradante. Indica que uno reconoce como líder al otro. La esposa que se somete no está limitada en sus pensamientos, sus capacidades, su dignidad. Es una relación sana que mantiene una buena estructura dentro de la vida familiar.

¿Hay excepciones a esta regla? Quizá. El pasaje dice: "como conviene en el Señor". Eso implica que el marido debe temer a Dios y obedecerle. La esposa se somete a aquel que permite que sus acciones sean "como conviene en el Señor".

En 1 Samuel 25 encontramos la historia de David cuando estaba huyendo del rey Saúl. Llegó a un establecimiento de campo que pertenecía a un tal Nabal. David y sus hombres daban protección al dueño frente a los intrusos. Era como una zona neutral contra los bandoleros que podían invadir la propiedad de Nabal. En cierto momento, cuando David y sus hombres carecían de provisiones, aquél mandó a algunos hombres para ser ayudados. La petición cayó en oídos sordos. El necio dijo: "¿Por qué voy a dar algo a un rebelde como David?" Díganle que se vaya de mi región. ¡No habrá nada para él!"

Ese día Nabal (nombre que significa "necio") tuvo una gran embriaguez. cuando su esposa Abigail supo de la forma que había tratado a David, hizo que algunos siervos cargaran asnos con provisiones y se las llevaran. Al día siguiente,

Nabal se despertó sobrio y su esposa le dijo lo que había hecho. Le dio un ataque de furia y en pocos días murió. Abigail siguió las directivas del Señor y proveyó para David. Dios la bendijo por lo que había hecho, que era "como conviene en el Señor". Todo esposo debe actuar con precaución y vivir de tal modo que la esposa pueda estarle sujeta. La premisa básica es algo que debe mantenerse en la mente, o sea que la esposa debe saber que su marido es la cabeza del hogar y que ella debe estarle sujeta.

II. El esposo debe ser un esclavo para con su esposa

La Escritura dice: "Maridos, amad a vuestras mujeres". El amor que se menciona en este pasaje es lo que en griego se conoce como *ágape*, o sea el tipo más elevado que se conoce. Es el que menciona en Juan 3:16. Es un amor que se sacrifica, que se entrega.

Hay gente que tiene plantas o flores en su casa y hasta hay quienes les hablan. Otros tratan así a sus mascotas, sean perros, gatos o pájaros. Cuando esos animalitos son amados, los dueños casi se hacen sus esclavos. Los sirven de día y de noche. Hay hombres que, cuando tienen un proyecto, se dedican a él de día y de noche. Ama lo que hace. Llega a ser un esclavo de sus intereses.

El marido debe estar correctamente relacionado con su esposa por medio del amor. El arte de ser esposo es algo que debe ser meditado. El esposo debe amar a la esposa en grado tal que siempre la proteja y provea. Promueve su bienestar. Una esposa encontrará fácil estar sujeta a un marido que la ame con un amor divino.

En Génesis 29, se cuenta cómo Jacob vio a Raquel, la hija de Labán y la quiso por esposa. El padre hizo un trato con él y él aceptó trabajar durante siete años para obtenerlo. Después de ese tiempo, le fue dada una hermana mayor y él trabajó otros siete años. La Biblia dice que todo ese tiempo a él le parecieron unos pocos días por el amor que tenía a Raquel (29:20). Si los esposos tuvieran ese tipo de amor por sus

sus esposas, tendríamos un avivamiento espiritual y una revolución en nuestras iglesias de modo tal que el diablo no podría detenerlo. Comencemos por reconsagrar a nuestras esposas un amor así y demostrémoslo en nuestras relaciones diarias.

Hay un mensaje adicional sobre la forma en que el esposo demuestra su amor hacia su esposa: "Y no seáis ásperos con ellas". Esa palabra "ásperos" tiene la idea de desagradable, cortante, mezquino. Se aplica al viento o a la leche que no sabe bien (está agria, desagradable). También hablamos de experiencias amargas, usando la misma palabra. No debemos ser así con nuestras esposas: rudos, desagradables, sin azúcar.

III. Los hijos deben obedecer a sus padres

El quinto mandamiento de la Ley de Moisés establece: "Honra a tu padre y a tu madre, para que tus días se alarguen en la tierra que Jehová tu Dios te da". La obediencia tiene su base en ese mensaje y en éste Pablo lo declara con palabras claras.

Cuando un padre dice a un hijo: "Es hora de ir a la escuela", el hijo no debe retardarse. Cuando un padre dice: "Es la hora de ir a la cama", el hijo debe seguir esas órdenes. Si le dice que es hora de hacer las tareas de la casa o de comer, eso es lo que el hijo debe hacer.

Notemos cuánto se incluye en las palabras "en todo". El hijo sabe que es un niño y que su padre es su padre; por eso, sólo cabe la obediencia. Del pasaje se desprende que el hijo escucha órdenes adecuadas de parte de sus padres. Estos no han de hacer reclamos que vayan contra lo que Dios enseña.

La obediencia de los hijos es algo que complace al Señor. Si eso es lo que desea el hijo, entonces debe obedecer a sus padres.

En 1 Samuel 17:15-22 se nos cuenta una historia interesante. El ejército hebreo estaba luchando contra los filisteos. Un hombre llamado Jesé tenía varios hijos que servían en las tropas. Dijo a su hijo menor: "David, tu madre ha preparado comida para tus hermanos que están en el ejército. Quiero que corras allá, les des esa comida y te fijes cómo va la batalla con los filisteos". David no discutió con su padre ni le dijo que, después de haber cuidado 25 ó más ovejas, iría. Hizo de inmediato lo que su padre le ordenó.

Surgirá un nuevo tipo de familia entre nosotros cuando la esposa se someta al marido, cuando el marido ame realmente a la esposa y cuando los hijos obedezcan a sus padres. Tendremos una iglesia modelo cuando tengamos familias modelo. Los hijos tienen un gran papel para que los hogares sean felices y bendecidos por el Señor. La razón por la cual muchos hogares no lo son es que las relaciones que Dios ha establecido no se cumplen.

Cuando Jorge Washington tenía dieciocho años, resolvió ser marino. Llenó su baúl y dijo a un esclavo negro que lo llevara al barco y lo pusiera allí. Volvió a su casa para despedirse de su madre y notó que estaba quebrantada. Entonces dijo: "Madre, no sabía que no querías que fuera al servicio militar. No iré". Dijo al negro que sacara el baúl del barco y lo llevara de vuelta a casa. Su madre le dijo: "Jorge, Dios te bendecirá por honrarme". Y el Señor lo hizo. Años después, Washington obtuvo la libertad para las colonias norteamericanas y llegó a ser el primer presidente de los Estados Unidos.

IV. Los padres deben tratar sabiamente a sus hijos

Las palabras para los padres son: "Padres, no exasperéis a vuestros hijos, para que no se desalienten". Provocar la ira de los hijos o despertar malos sentimientos en ellos es contra la voluntad de Dios. Los padres deben ayudar a sus hijos cuidando de no herirlos. La acción positiva puede tomar muchas formas.

El padre debe valorar a su hijo y hacerle saber cuánto lo ama. Hay que invertir tiempo con ellos. Se debe evitar usar nombres o calificativos que les resulten malos.

Martín Lutero, el gran reformador espiritual del siglo XVI, dijo que él no podía decir: "Padre nuestro que estás en los cielos" sin temblar con todo su cuerpo. Su padre era un minero que había sido rudo con él cuando era chico, de modo que, cuando fue grande, le costaba pensar en Dios como un padre.

Ayudamos a nuestros hijos orando para que ellos se aparten del mal. Jacob dijo a su familia: "Quitad los dioses ajenos que hay entre vosotros, y limpiaos y mudad vuestros vestidos" (Génesis 35:2). Esto no es una orden provocativa, sino un mandamiento útil.

Les ayudamos orando por ellos. En 1 Crónicas 29, David oró por Salomón: "Da a mi hijo Salomón corazón perfecto, para que guarde tus testimonios y tus mandamientos". Ese es el tipo de preocupación que uno debe tener por sus hijos. Hay una fuerte apelación en Proverbios 22:6; "Instruye al niño en su camino, y aun cuando fuere viejo no se apartará de él".

Nuestro pasaje dice que no debemos irritar a nuestros hijos para que no se desalienten. La palabra significa actuar sin corazón. Un padre puede hacer que un hijo pierda el deseo o la voluntad de hacer algo. A los niños se les debe alentar.

Robert Ingersoll nació en Nueva York en 1833. Su padre era pastor de una iglesia congregacional, pero era duro y severo. Sus dos hijos se escaparon de la casa a los 15 y 16 años, para no volver más. El mayor llegó a ser un elocuente orador y procurador general de Illinois. Se declaró ateo y escribió un libro sobre "Los errores de Moisés", negando gran parte de la Biblia. Su actitud negativa hacia Dios y su Palabra surgió lamentablemente de un padre duro y severo. No tenemos por qué seguir ese camino. Debemos ser buenos padres, buenos hijos y familia felices. Podemos tener relaciones bendecidas por Dios en el seno de la familia.

¿No nos agradaría que nuestras familias funcionaran de acuerdo a los designios de Dios para ella? Comencemos por los padres que pueden decir como Josué: "Yo y mi casa serviremos a Jehová" (24:15). Esta decisión debe ser acompañada por la esposa y los hijos. Lo importante es que estemos dispuestos a que nuestra vida familiar sea lo que Dios quiere.

Siervos, obedeced en todo a vuestros amos terrenales, no sirviendo al ojo, como los que quieren agradar a los hombres, sino con corazón sincero, temiendo a Dios. Y todo lo que hagáis, hacedlo de corazón, como para el Señor y no para los hombres; sabiendo que del Señor recibiréis la recompensa de la herencia, porque a Cristo el Señor servís. Mas el que hace injusticia, recibirá la injusticia que hiciere, porque no hay acepción de personas. Amos, haced lo que es justo y recto con vuestros siervos, sabiendo que también vosotros tenéis un Amo en los cielos.

Colosenses 3:22-4:1

Capítulo 15

Empleados y empleadores

En muchos países existe un Día del Trabajo, en el que se reconoce a todos los trabajadores del mundo. Esto abarca a todos, desde el ama de casa hasta los astronautas.

La Biblia menciona a menudo a los trabajadores. A algunos los podemos clasificar como siervos y amos, aunque hoy con más frecuencia hablamos de empleados y empleadores o de mano de obra y dirección gerencial. El tema se refiere a los que trabajan bajo la supervisión de otros, sea en el campo, en una clase, una fábrica o en muchos otros lugares.

Pablo incluye en su carta este aspecto de la vida. El Señor tiene interés en nuestras relaciones con los demás en el lugar de trabajo. Debido a su importancia, escribió sobre los principios básicos de la ética laboral. Cuando ese designio divino es cumplido en el trabajo, tenemos un plan para nuestras obligaciones. Prestemos atención a la relación que siervos y patrones tienen entre sí, tal como Pablo lo presenta en este párrafo.

I. El siervo debe tener una correcta relación con su amo

La persona empleada tiene una responsabilidad o deber para con aquel para quien trabaja. Para que el trabajo sea cumplido y para que exista una buena relación entre ambos, hay ciertos deberes y obligaciones que deben ser cumplidos.

Los obreros deben obedecer a sus patrones. En 1 Timoteo 6:2, Pablo escribió que el amo es digno de honor. Y en Colosenses 3:22 dice: "Siervos, obedeced en todo a vuestros amos terrenales". Si las normas indican que el obrero o empleado debe barrer el piso, cavar en las minas, rastrear un submarino, llenar un formulario en una oficina, entonces como empleados debemos cumplir las órdenes. No tenemos que discutir al respecto. Como estamos a las órdenes de otros, aceptamos sus instrucciones. No se trata de que haya rigidez. Quizá el empleado tenga alguna sugerencia sobre una forma distinta de enfrentar el tema, pero esencialmente lo que aprendemos es a obedecer a aquellos con quienes trabajamos.

En el libro de Génesis, se nos cuenta sobre José cuando trabajaba en la casa de Potifar en Egipto. Cumplió las órdenes de su amo en tierra extraña. Su obediencia trajo bendiciones a ambos. Otro caso es el del ángel que dijo a Agar que volviera a la casa de Abraham y Sara. Ella comprendió que la obediencia al superior se precisa aun en las tareas más humildes de la vida. Cuando nos sujetamos a las "autoridades superiores", esa relación dulcifica la vida de aquellos que están incluidos en ella. Todos resultan bendecidos cuando reconocemos la posición que tienen empleado y empleador en la fábrica, el campo, la escuela o cualquier otra área de la vida. A veces nos rebelamos con esta relación en dos niveles, pero el propósito es el del bienestar de todos los afectados.

Tenemos que cumplir un servicio honroso. El texto declara: "no sirviendo al ojo, como los que quieren agradar a los hombres, sino con corazón sincero, temiendo a Dios" (3:22). El empleado no debe tratar de ganarse el favor del jefe con actos cuestionables. Haremos una labor honesta que demuestre que somos honorables ante todos.

Según 2 Samuel 1:1-16, un amalecita trajo al rey David noticias sobre la muerte de Saúl y su familia. El desconocido pensaba que se ganaría el favor de David "sirviendo al ojo" y que por lo tanto recibiría beneficios de su parte.

Había cometido una locura matando al rey de Israel, aun cuando Saúl era enemigo de David, pues era el rey de Israel. Como consecuencia, el amalecita perdió su propia vida por algo que no debió haber hecho. Nuestra acción debe ser de integridad y justicia. No podemos esperar ser bendecidos haciendo lo que es malo.

Debemos cumplir nuestro trabajo con total dedicación. Los versículos 22 y 23 establecen un patrón elevado. Pablo indica que debemos hacerlo para agradar a Dios. Cuando menciona el corazón sincero, quiere decir que debemos poner atención al trabajo. Ponemos el corazón en ello. Hay dos palabras extra de aliento en la superficie de esta idea de trabajo dedicado. Una es que debemos temer a Dios mientras cumplimos con nuestro trabajo. La otra es que debemos hacerlo como si fuera directamente al Señor. Si captamos un desafío de este tipo, nuestra filosofía y actitud hacia el trabajo cambiará completamente. Cuando nos dedicamos a las tareas diarias, sabemos que el Señor nos ve. Reconocemos esto en todo trabajo que hagamos, teniendo siempre a Dios como supervisor. ¡Trabajamos para él! Esa comprensión del trabajo extraerá lo mejor de nosotros.

Nehemías sirvió al rey de Persia después del cautiverio babilónico. Mientras probaba la comida y el vino para el rey Artajerjes, lo hacía con total dedicación. No trataba simplemente de complacer al rey, sino al Señor. Como resultado de esa dedicación, pronto el rey dio a Nehemías la libertad y el privilegio de volver a su Jerusalén natal, para reconstruir las murallas de la ciudad. Estableció un patrón para cualquier otro empleado futuro: poner dedicación en nuestras tareas.

Necesitamos examinarnos y ver cómo andamos en eso de poner dedicación en el trabajo. Quizá haya tropiezos y dificultades, pero tenemos que poner lo mejor en el servicio. El poeta Juan Milton preguntaba: "¿Acaso el Dios que nos niega la luz no reclama nuestro servicio?" Aun cuando él mismo padecía de ceguera, se preguntaba cómo Dios le pedía un servicio completo. La respuesta implícita a esa pregunta es que sí.

Encontramos una historia poco común de dedicación en 1 Crónicas 29:17. David mencionó al pueblo que ofrendó voluntariamente y con alegría. Dieron con una dedicación total. No es necesario servir por medio de una gran cantidad de dinero, pero podemos hacer como un servicio a Dios todo lo que nos viniera a la mano para hacer.

Tenemos que darnos cuenta de que Dios recompensa a quienes le sirven de manera correcta. Quizá no lo hagan los patrones porque muchas veces pensamos que merecemos mucho más de lo que recibimos. Estaríamos de acuerdo con un aumento de sueldo, mayores vacaciones y otros beneficios como una nueva casa en el momento del retiro, un nuevo automóvil después de diez años de servicio y una placa de reconocimiento todos los años. Podemos extender la lista de lo que nos gustaría recibir como retribución por nuestro trabajo. Pero lo más probable es que ningún empleado los reciba y menos que nadie un pastor.

Encontramos entonces una palabra de aliento. Pablo declara en Colosenses 3:24 que conocemos al Señor de quien recibiremos la recompensa. En el versículo 24 se nos dice la razón por la cual la recompensa ha de venir del Señor: "porque a Cristo el Señor servís". Pensemos en cómo hemos perdido esa verdad a lo largo de la experiencia cristiana con el trabajo. Quizá hay muchos que nunca leyeron ese texto. Por lo menos, nadie les ha predicado esa verdad de manera suficiente como para captar su mensaje. Cualquiera que sea nuestro trabajo, siendo cristianos, estamos sirviendo a Jesucristo. Él es nuestro empleador, nuestro jefe. Realmente no trabajamos para Fulano de tal, sino para el Rey de reyes y el Señor de señores. Mantengamos en mente la idea de que nuestro trabajo es hecho para Jesucristo y cambiaremos en forma permanente. Mañana será un nuevo día cuando vayamos al trabajo y esos deberes pesados y desagradables serán hecho para Jesucristo y no para el jefe que frunce el ceño y a veces grita.

Notemos también que Jesús es el que nos da el pago. El salario que se recibe apenas puede alcanzar para poner pan en la mesa y pagar los impuestos y el alquiler. Quizá no nos quede para un traje nuevo o el regalo de cumpleaños para un miembro de la familia. Sin embargo, recordemos que el verdadero día de pago aún está por venir. Es de Jesucristo que el cristiano recibirá "la recompensa de la herencia". ¿Qué significa eso? Es demasiado grande como para entenderlo. Dios nos ha reservado más de lo que la mente puede captar.

Mi esposa y yo servimos como misioneros en Argentina durante nueve años. Ella trabajó más duro que yo durante ese tiempo. Amábamos el trabajo que se interrumpió de repente a causa de enfermedad en la familia. Pero mi interés en el campo misionero continúa, a pesar de nuestra ausencia de aquellos lugares y gentes que amamos. Por esos años, lo que recibimos como retiro de la Junta de Misiones era más de lo que reciben muchos pastores fieles en América Latina al retirarse. Son muchos los que después de treinta, cuarenta y cincuenta años, no tienen beneficios cuando termina su ministerio. La mayoría de los pastores del Tercer Mundo no tienen casa ni automóvil cuando se jubilan a pesar de sus largos años de servicio. Sin embargo, la recompensa de parte de Jesús durará siempre y será grande.

Al mismo tiempo, seremos juzgados por el mal que hagamos. Pablo declaró: "Mas el que hace injusticia, recibirá la injusticia que hiciere". No tenemos que sorprendernos por el contenido de estas palabras. El que hace bien será juzgado por sus malas obras. Dios es honesto y justo. No es parcial ni con un rey ni con un mendigo. El que hace mal recibirá la retribución por ello tal como el que honra al Señor la recibirá por sus buenas acciones. Esta es una advertencia a todos los empleados para que se pongan del lado de los que realmente trabajan. Cuando uno se envuelve en lo perturbador del orden público y el bienestar de la sociedad, Dios se transforma en su juez. No tratemos de librarnos de lo que podemos hacer. Recordemos lo que la Biblia dice sobre las relaciones laborales que tanta importancia tienen hoy.

II. El amo debe tener una buena relación con su siervo

El empleador o jefe tiene un deber para con sus empleados. David dijo algunas cosas que pueden aplicarse aquí, aunque no hayan sido escritas en el contexto de la relación amo-siervo. Dice el Salmo 101:2 que si nos comportamos sabiamente, él se acercará a nosotros. Esa es también la forma en que Dios se conduce con nosotros. Es interesante que Pablo también dice al empleador cómo debe conducir sus asuntos.

El que está en puesto de dirección debe dar a sus empleados un pago justo y adecuado. No podemos señalar en general cuál debe ser la escala de sueldos. Lo que es bueno para un país puede ser demasiado o demasiado poco para otro en circunstancias diferentes. Sin embargo, los que ocupan tales posiciones saben lo que es bueno y honorable.

Nos resulta interesante la historia del hijo pródigo que encontramos en Lucas 15. Notemos que cuando el hijo que se escapó de la casa se dio cuenta de su terrible condición, dijo: "¡Cuántos jornaleros en casa de mi padre tienen abundancia de pan, y yo aquí perezco de hambre!" (15:17). Es evidente que el padre del pródigo daba buen trato a sus obreros. Ese es el principio que los empresarios deben mantener hoy. Afortunadamente, muchos son nobles y generosos.

Un autor describe el maltrato que se daba a los niños en el siglo XIX por parte de los líderes corruptos. Desde sus primeros años eran sacados de lugares de trabajo y llevados como esclavos a otras ciudades. De a miles los huérfanos sufrían toda clase de abusos. Trabajaban en telares sin sueldo alguno. Algunos eran azotados hasta morir por no producir lo suficiente. No se les daba instrucción alguna o muy poca ni se cuidaba su salud o su higiene. La misma tragedia ocurría en otras tierras y sigue ocurriendo hoy. En esos casos, los empleadores nunca piensan en términos de lo que es justo y correcto.

La Biblia de Dios nos dice en alta voz que nos cuidemos de maltratar a los empleados. En Levítico 19:13 se dice que la paga de un trabajador no debe ser retenida ni que nadie debe ser defraudado en ella. En Deuteronomio se establece que un esclavo liberado no debía ser enviado con las manos vacías (15:12). Además la Ley mosaica establece en 24:15 que el empleador no ha de retener el salario del trabajador más allá del ocaso.

En 1 Samuel 30:13 se cuenta la historia del cruel tratamiento de un hebreo. El rey David y sus hombres habían sido robados por los amalecitas. Cuando el rey de Israel persiguió al enemigo, encontraron a un egipcio que había sido abandonado por los amalecitas porque se había enfermado. La desdichada víctima no había comido ni bebido por tres días. David le hizo dar pan y agua y llevó al hombre consigo mientras perseguían al enemigo derrotado que había asolado su campamento. Un empleador no debe actuar como aquellos hombres que habían abandonado al egipcio que ya no les era útil. Los que tienen autoridad sobre otros deben tratarlos buena y sabiamente.

El empleador debe recordar que tiene un amo en los cielos. Eso es declarado en 4:1. En otras palabras: "¡Jueguen limpio!" Lo que una persona siembra, eso será lo que recoja.

Debemos recordar siempre que nuestro jefe es realmente el Señor. Desde el cacique de una tribu hasta el presidente de la nación deben comprender que hay alguien por encima de ellos. El director de una agencia de transportes o el decano de un colegio deben recordar que han de dar cuenta a Dios. No podemos evitar la verdad de esa rendición definitiva delante del Señor. Así como el amo mantiene en mente esta verdad de la responsabilidad ante Dios. Comenzará a andar por el buen camino en relación con los que estén bajo su autoridad.

Podemos sacar algunas conclusiones sobre las relaciones entre empleados y empleadores, que alientan a ambas partes. Nos respetamos mutuamente cuando existen relaciones correctas entre nosotros. Recordemos la historia de Booz que llegó a ser el marido de Rut. En el segundo capítulo de ese libro, leemos que él caminaba por el campo diciendo a sus hombres que dejaran una cantidad extra de grano para Rut, que caminaba detrás de los segadores. Los saludó diciendo:

"Jehová sea con vosotros" (2:4) y ellos contestaron de la misma manera. Ambos se respetaban, lo que presenta un buen ejemplo de relación entre capital y trabajo que atrae la atención de todos.

La respuesta a las disputas laborales se encuentra cuando hay buenas relaciones entre empleados y empleadores. Siempre hay conflictos, discusiones y debates, pero la solución surge cuando se presenta un enfoque amable respecto a la otra parte.

Aprendamos también que Dios es honrado cuando sabemos hacer el camino juntos.

Desde el comienzo de la historia humana, Dios ha dado al hombre la responsabilidad del trabajo. En la vida futura, hemos de estar empleados. Mientras mentenemos la tarea que Dios nos da para hacer, conocemos la verdadera relación que puede traer incontables bendiciones a todos. Podemos trabajar juntos y trabajar para el Señor. No podemos permitirnos menos de eso.

Perseverad en la oración, velando en ella con acción de gracias; orando también al mismo tiempo por nosotros, para que el Señor nos abra puerta para la palabra, a fin de dar a conocer el misterio de Cristo, por el cual también estoy preso, para que lo manifieste como debo hablar.

Colosenses 4:2-4

Capítulo 16

Tiempo de oración

Todos tenemos la costumbre de tomar el teléfono en algún momento y conversar con familiares o amigos. Cuando lo hacemos, no pensamos en el que inventó el sistema. Alejandro Graham Bell dio al mundo el teléfono. Creció en Escocia, se graduó en la Universidad de Edimburgo y terminó sus estudios en la Universidad de la Ciudad de Londres. Unos pocos años después, emigró a los Estados Unidos. Sus primeras palabras por el cable fueron en 1876. Al año siguiente, teniendo treinta de edad, creó sus sistema. Discando ciertos números, podemos hablar con gente de cualquier parte del mundo.

El mejor sistema de comunicación jamás conocido es un don de Dios para nosotros. Podemos hablar con él sin esperar un mes o diez años que nos coloquen el teléfono. Podemos hacerlo sin tener facturas que pagar. Es el sagrado privilegio y derecho de todo cristiano.

En Colosenses 4:2-4 Pablo escribió sobre la oración. Esta sección al respecto en el Capítulo 4 es un llamado para que la practiquemos. Allí aprendemos cómo hacerlo.

I. Debemos persistir en la oración

El pasaje nos dice que debemos perseverar en la oración. La palabra "perseverad" nos recuerda que hemos de orar continuamente. Es una tarea en la que no debemos cesar. Podemos preguntarnos si es posible orar "sin cesar". La respuesta es sí.

¿No hemos visto a niños (y adultos) hablando mientras comen, aun cuando sostienen un gran tenedor cargado de comida? Hay gente que habla inclusive cuando duerme y otros mientras manejan, trabajan o miran televisión. También podemos orar o estar en actitud de oración constantemente.

La historia de Jacob que encontramos en Génesis 33 nos cuenta que había estado veinte años en Padan-Aram. En ese tiempo, estaba volviendo a su tierra. Después de una noche de intensa oración, un ángel del Señor luchó con él y le pidió que lo dejara ir, pero él le contestó: "No te dejaré si no me bendices" (v. 26). El patriarca no abandonó en su lucha con el enviado celestial. Eso es un modelo para nosotros, pues hemos de persistir en ello.

El capítulo 9 de Deuteronomio es uno de los que producen efectos electrizantes. En el v.25 dice que Moisés se postró en oración delante de Dios durante un mes y diez días. Por cuarenta días, clamó al Señor por el pecado de su pueblo. Normalmente tenemos una reunión de oración en nuestra iglesia una vez a la semana. Quizá ocupemos en ello media hora o una hora. A veces oramos en casa durante cinco o diez minutos. ¿Es eso suficiente?

¿Pueden las damas orar constantemente? Generalmente hablamos de hombres que se han destacado por su vida de oración. En 1 Samuel 1, aparece una dama llamada Ana. No tenía hijos y fue a la casa de Dios en Silo para clamar ante el Señor. Cuando oraba, sus labios se movían pero no se le oía la voz. El sumo sacerdote Elí pensó que estaba ebria y le preguntó cuánto tiempo seguiría así. Ella le contestó: "No, soy una mujer de espíritu quebrantado y he derramado mi corazón delante del Señor" (vv.12-15). Siguió orando hasta que Dios se sintió complacido en darle a Samuel, cuyo nombre significa "pedido a Dios". Es todo un ejemplo para nosotros.

Uno de los mejores métodos de enseñanza es por medio de la ilustración. Haremos bien en observar la vida de oración de Jesús. En Lucas 6:12 leemos que fue a una montaña y pasó la noche en oración. Ninguno de los discípulos le oyó. No sabemos qué dijo en todo ese tiempo. Si le hubiéramos escuchado en su larga conversación con Dios, habríamos aprendido muchas lecciones. La primera es que debemos perseverar en oración, qué es lo que nos enseña Pablo.

En la granja en que crecí, teníamos un perro excelente, que era un gran amigo en mis años de niñez. Cada vez que necesitábamos un pollo, simplemente se lo señalábamos y le decíamos: "¡Ese, Ted!" A veces entraban cerdos al campo o era necesario alejarlos de la casa. El perro corría tras el cerdo, lo tomaba por la oreja y no lo dejaba libre hasta que se le indicaba. Sabía cómo perseverar.

II. Debemos orar con espíritu vigilante

Mientras perseveramos en oración, debemos estar "velando en ella" (v.2). Velar significa estar alerta. Debemos prestar atención a lo que oramos. No debemos permitir que la mente vague.

Algunos oran luego de acostarse por la noche. Quizá ya estemos cansados y oremos por un minuto o dos antes de dormir. Nos despertamos seis u ocho horas después y nos damos cuenta de que nos hemos dormido sin haber orado realmente. Este pasaje dice que debemos velar en oración, lo que implica que debemos luchar contra la tentación de no estar alerta.

Gedeón luchó contra los madianitas, alrededor del año 1300 a.C. Al principio tenía 32.000 soldados que planeaban atacar al enemigo. Dios le dijo que eran demasiados. Los que tuvieran miedo debían volverse y sólo quedaron diez mil, pero el Señor volvió a decir que eran muchos. Entonces le hizo practicar una prueba de vigilancia. Los diez mil soldados fueron llevados a un río y se les ordenó beber del agua. Sólo trescientos sacaron el agua con sus manos mientras vigilaban cuidadosamente si las tropas enemigas se les acercaban. Si hoy se nos hiciera un tipo de prueba así en cuanto a nuestra oración, ¿cómo pasaríamos el examen? ¿Estamos velando y orando?

Pensemos un momento en los apóstoles. Después de dejar el aposento alto, Jesús fue al jardín de Getsemaní. Llevó consigo a los tres más íntimos un poco más adentro del jardín. Cuando volvió, no sólo esos tres sino también los otros once se habían quedado dormidos. Los despertó y volvió a su lugar de oración. Volvieron a quedarse dormidos. Una vez más Jesús retornó a su oración y pidió a Dios que retirara de él la copa de amargura si eso era posible. En aquella oportunidad, Jesús dijo a los apóstoles que era necesario "velar y orar", "porque el espíritu está presto, pero la carne enferma" (Mateo 26:40, 41). ¿Podemos hacerlo? ¿Estamos vigilantes en nuestro tiempo de oración? ¿Cómo medimos la responsabilidad de la iglesia en este sentido? ¿Debemos reconsagrarnos al Señor en eso? Digámosle que no sólo vamos a orar sino también a estar alertas.

III. Debemos orar con acción de gracias

Ahora el énfasis está en el agradecimiento. No se trata sólo de pedir algo a Dios, sino de apreciar al Señor por lo que hace. Cuando él responde nuestras oraciones, hemos de agradecérselo. Antes de hacer peticiones a Dios, tenemos que agradecer continuamente sus beneficios.

Un pasaje fuera de lo común es el de Daniel 6:10. En ese tiempo, Daniel había estado viviendo en la cautividad babilónica por varios años. Lo capturaron cuando era joven alrededor del año 606 a.C. Varios años después, llevaron a gran número de hebreos en cautiverio en el año 586 a.C. cuando capturaron Jerusalén. La amenaza de muerte pendía sobre su cabeza. Sin embargo, en ese pasaje se nos dice que él oraba tres veces al día, con las ventanas abiertas, dando gracias al

Señor. ¿Qué razón podía encontrar para agradecer? Es evidente que se trataba de un hábito en él aquello de dar gracias a Dios.

Una vez fue alguien a visitar al presidente Lincoln al Capitolio. Era una dama y cuando la llevaron a la oficina, le preguntó qué necesitaba o quería. Ella contestó: "Señor presidente, no quiero nada. He oído que a usted le gustan los panecillos y por eso he cocinado una canasta de ellos para usted". El presidente preguntó: "Pero, ¿no desea nada?" Cuando ella insistió en que no tenía ningún pedido de nada, Lincoln dijo: "Señora, he tenido miles de visitantes. Usted es la primera que ha llegado sólo a decirme 'Gracias' y sin hacer ningún pedido".

Quizá podamos "sorprender" a Dios yendo a él algunas veces diciendo: "Dios, no quiero pedirte nada. Estoy aquí sólo para darte gracias por tus incontables bendiciones".

Debemos agradecer a Dios como lo hacía Pablo. No importa cómo estén oscuras las escenas de nuestra vida, siempre Dios permanece en su trono. Podemos alabarle por ser el Dios eterno. Hoy nos da vida en abundancia. Corona nuestra vida con muchas promesas. Ha preparado un hogar eterno para nosotros. Probemos de tener siempre una nota de gratitud en nuestra vida de oración y entonces nunca nos podremos olvidar del tiempo que le dedicamos.

IV. Podemos orar sin egoísmos

Pablo dice que los colosenses debían estar "orando también al mismo tiempo por nosotros" (4:3). Muchas veces nuestras oraciones se limitan a un pequeño círculo. Oramos por nosotros, por nuestra familia y quizá por una o dos personas más. Pablo insiste en que recordemos a otros. Él es recordado como un campeón de la oración, a la vez que como gran misionero. ¿Era necesario que los colosenses oraran por un hombre con tal vida espiritual? Evidentemente él sentía que sí y pedía que otros le mantuvieran en sus oraciones.

Tenemos que orar por otros. Esto es realmente un desafío misionero. Notemos unos pocos aspectos de este tipo de oración que incluye a los mensajeros de Dios en su gran siembra.

Debemos pedir que Dios dé una puerta abierta para la evangelización. Esa "puerta para la palabra" incluye un lugar adecuado para nuestro testimonio. Pablo testificó a los soldados que lo vigilaban. Quería ver que la Palabra de Dios se multiplicaba en otros miles.

Oremos para que esa puerta se abra a millones que están en países donde el evangelio aún debe penetrar. Oremos por el África, por Europa, por el Asia, por las Américas, por todas las naciones. Nuestra oración debe ser que Dios abra nuevas puertas para todos sus mensajeros que llevan la historia de Jesús.

Debemos orar para que otros puedan hacer que el mensaje de Cristo sea claro. Pablo se refiere al "misterio de Cristo", o sea al mensaje de salvación para todos. ¿Lo creemos? Los hebreos creían que el mensaje de Dios era sólo para ellos, pero Pablo deja bien claro que es para toda raza, tribu, y lengua que debe oír las buenas nuevas de salvación de la vida que hay en Jesucristo.

Oremos para que los siervos de Dios puedan "manifestar" el mensaje de salvación. Debemos hacer que el mensaje sea claro para otros y fácil de captar. Una vez Juan Bunyan, el autor de "El Peregrino", se paseaba por una calle de Bedford, en Inglaterra. Era un día frío y oyó a varias damas que hablaban en el vestíbulo de una casa sobre el amor de Jesús y la salvación en él. Lo hacían con tanto entusiasmo que Bunyan jamás lo olvidó. Sintió que estaban dando un mensaje claro. Necesitamos cuidar de que el mensaje sea comprensible para quienes están a nuestro alrededor. Sea en una clase, sea en un púlpito o en la conversación personal, es necesario que todos entiendan que somos pecadores, que Cristo murió por nosotros y que podemos tener vida eterna por medio del arrepentimiento y la fe en Cristo.

Podemos orar para que todos los inconvenientes sean superados en nuestro testimonio. Pablo era un "embajador en cadenas". Dios le dio libertad para testificar y debemos pedir que sea así hoy.

Nuestro tiempo de oración puede cambiar nuestras vidas y las vidas de otros también. ¿Estamos listos para consagrarnos a esta maravillosa costumbre de hablar con Dios?

Andad sabiamente para con los de afuera, redimiendo el tiempo. Sea vuestra palabra siempre con gracia, sazonada con sal, para que sepáis cómo debéis responder a cada uno.

Colosenses 4:5-6

Capítulo 17

Cómo ser un buen evangelista

Luis Palau es uno de los evangelistas más conocidos hoy. Creció en Buenos Aires y Córdoba, en la República Argentina. En su juventud, predicaba en las calles y los templos de su país. Ha dirigido campañas evangelísticas en toda América, así como en Europa y otras partes del mundo. Ha tenido éxito en lugares muy diferentes y alabamos a Dios por hombres dotados y consagrados como él.

Nos hace recordar a Pablo que fue el campeón de los evangelistas. Cubrió grandes extensiones de Europa y Asia predicando y escribiendo. En este pasaje, recuerda a sus lectores que ellos también tenían la responsabilidad de ser buenos evangelistas. De hecho, todo cristiano debe serlo. Es evangelista aquel que presenta o narra la historia del amor de Dios en Jesucristo. No necesitamos hacer muchos viajes de ciudad en ciudad ni colocarnos detrás de un púlpito en el otro extremo del mundo para llegar a ser evangelistas. Podemos contar la historia del amor de Dios en Jesucristo dondequiera que estemos. En este pasaje se nos dicen algunas cosas sobre quién es un buen evangelista.

I. Un buen evangelista presenta y da buen ejemplo

Las palabras del pasaje son sencillas: "Andad sabiamente con los de afuera" (v.5). Los colosenses debían tener buena conducta y buen carácter. Vivían en una sociedad pagana. En Asia Menor adoraban una cantidad de dioses griegos y romanos. El pequeño grupo de cristianos necesitaba darse cuenta de que los demás los observaban todos los días. Por eso, recibieron esta carta que los desafiaban a vivir una vida que reflejara la de Cristo. Debía ser una vida feliz, santa y llena del Espíritu.

En Romanos 6:4, Pablo escribió que el cristiano debe andar "en vida nueva". Por su parte, el apóstol Juan declara que debemos "andar como él anduvo" (1 Juan 2:6). Debemos ser un buen ejemplo a otros con nuestra conducta.

El rey Ezequías, según cuenta 2 Reyes 20:3, recibió palabra de Dios de que iba a morir. Volteó su rostro hacia la pared y pidió a Dios que le escuchara. Dijo: "Te ruego que hagas memoria de que he andado delante de ti en verdad y con íntegro corazón y que he hecho las cosas que te agradan". Esa es la forma en que Pablo nos dice que debemos vivir. Somos buenos evangelistas cuando llevamos una vida ejemplar.

Francisco de Asís cumplió su ministerio en el siglo XIII. La orden católica de los franciscanos se llama así por él. Nació en Italia y su padre era un rico comerciante. Se convirtió a los veintidós años y dio la espalda a la vida mercantil. Dejó sus bienes y comenzó a andar de ciudad en ciudad predicando el evangelio de Cristo. Pronto lo siguió una cantidad de discípulos. Un día, estando en Francia, dijo a uno de ellos: "Vayamos a la ciudad y prediquemos un tiempo". Entraron juntos, fueron al mercado, hablaron con la gente en las calles y se volvieron. Entonces el discípulo le preguntó por qué no habían predicado. Francisco le dijo: "Sí predicamos mientras andábamos por la calle entre la gente". Eso es verdad. Predicamos con nuestras vidas.

El sol brilla durante el día. En la noche, las estrellas y la luna dan su resplandor. Si el día o la noche están nublados, la luz de los astros no brilla sobre la tierra. Todos nosotros debemos ser luces para el mundo (Mateo 5:16). La luz de Cristo debe brillar a través de nosotros, pero si tenemos "nubes de pecado" a nuestro alrededor, entonces el mundo oscuro no verá la luz de Dios a través de nuestras vidas.

Vivimos en un mundo de impureza moral. El mal nos rodea. Ocurren hechos de violencia en todos los países. Los cristianos deben presentar un ejemplo en este mundo enloquecido. Evangelizamos cuando vivimos piadosamente vidas que honren a Cristo.

II. Un buen evangelista usa sabiamente su tiempo

En este pasaje se nos dice que debemos vivir "redimiendo el tiempo" (v.5). "Redimir" significa volver a comprar, usar sabia y cuidadosamente. ¿Qué nos dice el número 1440? Pues bien, es el número de minutos que hay en un día. El tiempo corre. No podemos recuperar un minuto o una hora después que se ha ido. Es posible que encontremos a personas que vimos hace diez o quince años. Esos años han hecho una diferencia en sus vidas. Algunos estarán canosos o con arrugas en su cara o caminarán cojeando. Algunos a quienes conocimos entonces, ya no están más. El tiempo hace una diferencia. Debemos hablar sobre el Señor hoy mientras el tiempo está de nuestro lado. Retardarnos significa perder oportunidades. No podemos recuperar los días o años perdidos.

Al escribir una carta, podemos hablar de Jesucristo y de la salvación en esa carta. A la gente le gusta recibir y leer cartas. Es una buena arma para la evangelización.

Si pedimos un número telefónico al operador, le podemos decir: "Antes de pedir el número, déjeme decirle que Jesús ha cambiado mi vida. De paso, si usted necesita un Salvador, puede confiar en Jesús y él le dará vida eterna". Podemos hablar a los empleados de las oficinas o a los clientes que encontremos en los comercios. Se cuenta de un peluquero, al que acudió un hombre para afeitarse. Se colocó en el sillón y el barbero le puso la crema en la cara, tomó su gran navaja y, mientras comenzaba a pasarla por la garganta del cliente, le preguntó: "¿Está usted listo para morir?" Sin duda, necesitamos un poco de tacto. Pero también debemos recordar que hay que redimir el tiempo y hablar a otros de la vida en Jesús.

Edward Last escribió un libro en Escocia contando cómo a lo largo de su ministerio pastoral en Glasglow había ganado a doscientas personas para la salvación en Cristo. Entonces escribió a los doscientos, alentándolos a ganar a otros. Comenzaron su trabajo. En otros nueve años, la iglesia recibió 777 nuevos miembros. Aquellos doscientos que habían sido ganados por el pastor hablándoles en la calle, sintieron la carga de ser activos en la misma tarea. Aprendieron juntos cómo redimir el tiempo. Todos podemos hacer lo mismo. Si es así, contaremos con un buen grupo de buenos evangelistas. ¿Podemos imaginar cuál sería el alcance de nuestra iglesia y de cualquier otra si nos consagramos a esa tarea de redimir el tiempo?

II. Un evangelista aprende cómo debe hablar

La mayoría de nosotros falla en la evangelización directa, pues somos unos moluscos encerrados en sus valvas cuando los rodea cualquier tipo de amenaza. Dios dijo por medio de Asaf: "Abre tu boca y yo la llenaré" (Salmo 81:10). Probemos este método para la evangelización y veremos cómo Dios hace su obra poniéndonos palabras que sorprenderán a todos.

Debemos hablar con gentileza. "Sea vuestra palabra siempre con gracia" (v.6). Esta idea de la gracia tiene un gran significado: gozo, alegría, bondad y abundancia son sus características.

"Las palabras de la boca del sabio son llenas de gracia" (Eclesiastés 10:12). No usa expresiones rudas o duras. Es edificante, positivo, alentador, limpio y noble. Necesitamos aprender a expresarnos con este lenguaje. Notemos que dice que debemos hacer así siempre.

Un miembro de cierta iglesia tuvo la oportunidad de ir con otros y algunos predicadores a hablar a otro país. El líder del grupo dijo que el recién convertido no debía tener la responsabilidad de hablar en una buena iglesia porque su capacidad de hablar era limitada. Él se presentó y dijo a los que le escuchaban que cuando Dios le salvó había perdido 75% de su vocabulario, pero que trataba de usar el otro 25 para la gloria del Señor. Compartió su experiencia personal y cincuenta personas hicieron profesión de fe.

Cuando usamos palabras de gracia, es como un panal, lleno de dulzura al alma y de salud a los huesos, como nos dice Proverbios 16:24.

Nuestras palabras deben ser "sazonadas con sal", como dice en 4:6. Nuestras palabras deben servir para conservar, para dar buen sabor y un gusto especial al mensaje que compartimos. Nuestras palabras no deben ser muertas e inertes sino vivas y punzantes.

Jesús dijo: "Tened sal en vosotros mismos" (Marcos 9:50). Debemos ser la "sal de la tierra". Nuestras palabras deben servir para dar buen sabor y para preservar la vida. Si somos buenos evangelistas, aprenderemos cómo hablar.

IV. Un buen evangelista sabe cómo contestar a todos

Esta es una orden importante: "para que sepáis cómo responder a cada uno" (4:6). No debemos tener un nudo en la garganta, sino responder siempre de manera amable.

Alguno puede decirnos que no cree en la Biblia, mientras tratamos de evangelizarlo. Podemos pedir a esas personas que lean el Salmo 23, Juan 14 o preguntarles si se han dado cuenta de que cientos de profecías del Antiguo Testamento se han cumplido en el Nuevo. No hay una sola promesa falsa de parte del Señor en todo el Libro. La Palabra de Dios es eterna.

Otros nos dirán que hay hipócritas en la iglesia y que por esa razón se niegan a ser cristianos. Uno de los doce discípulos de Jesús fue traidor. También hay médicos que son farsantes, pero igual buscamos a los buenos profesionales cuando llega la enfermedad. Puede haber vendedores hipócritas, pero seguimos comprando sus productos. Y también puede haber predicadores hipócritas, pero hay otros miles alrededor del mundo que son honrados. Podemos contestar mostrando a hombres como Pablo, Pedro o Juan que han sido sinceros en su relación con el Señor y con su fe hasta el día de hoy.

Hay quienes dirán que son demasiado pecadores como para ser salvados por Dios. Es buena cosa que alguien admita que es pecador. Dios se especializa en manejar casos así. Puede borrar todo pecado, pues nadie tiene de antemano una boleta de rechazo de parte de Dios si está dispuesto a acudir en arrepentimiento y fe al Señor.

Hay quienes arguyen que no pueden llegar a ser buenos evangelistas. No descartemos lo que Dios puede hacer en una vida. Recordemos la historia de la samaritana en Juan 4. Cuando encontró a Jesús, volvió a su pueblo y dijo a todo el mundo que Jesús había llegado y que le había dicho todo lo que había hecho. Así se transformó en una gran evangelista.

Así como Pablo y muchísimos otros también lo fueron, nosotros podemos lograrlo. ¿Estamos listos para consagrar nuestras vidas a la causa de Cristo y hacer lo que él quiere que hagamos para ganar a otros para la fe en él? Bastará con que le entreguemos nuestra vida para ser parte del ejército de Dios que puede ganar grandes victorias y hacer notar la presencia de la Iglesia de Dios para su gloria.

Todo lo que a mí se refiere, os lo hará saber Tíquico, amado hermano y fiel ministro y consiervo en el Señor, el cual he enviado a vosotros para esto mismo, para que conozca lo que a vosotros se refiere, y conforte vuestros corazones, con Onésimo, amado y fiel hermano, que es uno de vosotros. Todo lo que acá pasa, os lo harán saber.

Colosenses 4:7-9

Capítulo 18

Dos futuros amigos

El nombre de Sócrates nos es familiar. Ese filósofo griego murió 400 años antes de Cristo. Se dice que Sócrates conocía los nombres de todos los habitantes de Atenas, que en su tiempo sumaban 20.000. Probablemente conocía a los "ciudadanos más importantes" de Atenas. Su vida es demasiado corta para que podamos conocer a todos los que nos rodean.

En la vida futura vamos a conocer a todos los redimidos de todas las edades. La Biblia dice: "Conoceré como fui conocido" (1 Cor. 13:12).

Hoy sabemos los nombres de personalidades notables de la Biblia tales como Moisés, David, y Pablo. ¿Qué acerca de los incontables desconocidos de la Biblia y de los pocos conocidos de hoy? Toda la gente de Dios tiene importancia. Somos importantes cuando no tenemos nombres famosos. Las naciones sobreviven "sobre los lomos" de personas ordinarias. En el texto Pablo da los nombres de dos gentiles cuyos nombres no nos son familiares. Ellos estarán entre nuestros futuros amigos en el cielo. Aprendemos grandes verdades de Tíquico y Onésimo.

I. Conozcamos a Tíquico

Su nombre aparece cinco veces en el Nuevo Testamento. Aprendemos que Tíquico fue un gentil de Asia Menor que residía probablemente en Colosas.

Arendemos de Tíquico la importancia de ser un amado hermano. Pablo provenía de la tribu hebrea de Benjamín. Por sus venas circulaba sangre real. Tíquico se crió en Asia Menor, donde una amalgama de razas nunca dio lugar para que alguien se jactara de una ascendencia ilustre. Sin embargo, Tíquico se convirtió a la fe cristiana. Pablo entonces le llamaba un "amado hermano".

A veces los hermanos no se llevan muy bien. Algunos pelean entre sí durante la niñez y la juventud. Algunos se van a la tumba sin haber tenido nunca afecto el uno por el otro. Otros se aman entre sí profundamente.

Pablo dice que entre las filas cristianas él tuvo un amigo al que llamaba "amado hermano". Nos amamos profundamente. Abrimos nuestros corazones el uno al otro. El aspecto distintivo de la vida es que nos amamos mutuamente. Dios habló en Mateo 3:17, después del bautismo de Jesús, y dijo: "Este es mi Hijo amado, en quien tengo complacencia". El Cantar de los Cantares usa la palabra "amado o amada" 27 veces. En nuestro mundo, donde el odio, la guerra, las dudas y las sospechas son comunes, seamos el uno para el otro "amados hermanos".

Aprendemos de Tíquico la importancia de ser un fiel ministro. Ministrar es servir. La palabra ministro lleva en sí la idea de ser un siervo o esclavo de otro. Pablo colocó una aureola de honor sobre la cabeza de Tíquico al llamarle "fiel ministro".

Encontramos por primera vez a Tíquico en el libro de los Hechos. Pablo había llegado casi al final de su tercer viaje misionero. Tíquico se unió a Pablo y a un pequeño grupo, según Hechos 20:4. "Leemos entre líneas" y captamos la historia de Tíquico. El ayudó a preparar las condiciones para la llegada de Pablo a Troas. Probablemente viajó con Pablo a

Jerusalén. Poco después puede haber estado con Pablo o cerca del mismo cuando éste pasó dos años preso en Cesarea, no lejos de Jerusalén. Entonces es probable que Tíquico estuviera a bordo del barco que llevaba a Pablo, Lucas y otros a Roma, donde a Pablo le esperaban dos años más en prisión. Desde esa prisión romana Pablo escribió las "epístolas de la prisión". Sabemos que Tíquico estuvo allí y le hizo el servicio a Pablo de llevar esta carta a Colosas. Eso implicaba una distancia de 1.600 kilómetros a través de "terreno accidentado". ¿Cuál es uno de los calificativos de Tíquico? "Fiel hermano".

Usted y yo podemos ser "fieles hermanos". Personas de este tipo son necesarias en los centros de trabajo, en los hogares, en las iglesias, y en todo lugar.

Tras la batalla de Bassano, Napoleón cabalgó a través del campo de batalla en un día frío y lluvioso. El general francés vio soldados muertos y heridos en una vasta extensión de terreno. Un perro saltó de debajo del manto de un soldado muerto y corrió hacia Napoleón. El perro gimió y corrió de nuevo hacia su amo. Napoleón cabalgó hacia el soldado muerto y vio al perro lamer el rostro y las manos ensangrentadas del soldado. El perro volvió a gemir y mantuvo guardia junto a su amo. Napoleón dijo que nunca había presenciado una escena tan conmovedora en un campo de batalla. Somos llamados los "fieles siervos" de Dios. Deseamos mantener viva la noción de que somos fieles en la obra que Dios nos ha encomendado.

Aprendemos de Tíquico la importancia de ser consiervos en el Señor. Las palabras ministro y siervo tienen el mismo significado. Lo que distingue a las dos en el texto es la partícula "con" que se añade a la tarea del siervo. Pablo dijo que Tíquico era uno de sus iguales. Este versículo dice mucho acerca de la "comunión".

Aquí tenemos a Pablo el teólogo, evangelista, escritor, fundador de iglesias, líder de visitación, y viajero internacional. Podemos llamarle "doctor Pablo" en todo el sentido de la palabra. Cerca de él, mientras se escribía la carta a los Colosenses, se hallaba Tíquico. Él tenía muy poca educación. Su influencia era limitada. Lea la carta en la que Pablo le llama "consiervo". Pablo coloca a Tíquico a su propio nivel. Somos amigos y socios. Estamos juntos en la encomienda de propagar el evangelio. Probablemente en todas las instituciones haya espacio para otro departamento a fin de realzar el gozo y el crecimiento. Podemos llamarlo el "equipo Tíquico". Tales personas se conocen el uno al otro y se consuelan o fortalecen mutuamente. El nombre de Tíquico puede resultar raro a nuestros oídos hoy, pero vamos a conocerle en el cielo. Conozcamos ahora a otro amigo del futuro y veamos qué aprendemos de él.

II. Conozcamos a Onésimo

Al igual que Tíquico, era de Colosas o Efeso y era gentil, así que Onésimo era de esa región. Pablo le llama gentil, o "uno de vosotros". Pablo no dice todo lo que sabe de Onésimo en el último capítulo de Colosenses. Sin embargo, captamos parte de esa historia en la carta a Filemón.

Onésimo había sido uno de los esclavos de Filemón, un próspero hombre de negocios cristiano de Colosas. La iglesia en esa ciudad se reunía en casa de Filemón. Onésimo se mezclaba en el grupo ocasionalmente. Un día él robó suficiente dinero y prendas como para salir de Asia Menor y realizar el largo viaje que le llevó a Roma. Estando en Roma, Onésimo oyó de Pablo y le visitó. Pablo le testificó y ese hombre llegó a ser cristiano. El apóstol inmediatamente envió al esclavo convertido de regreso a su amo. Aprendemos algunas lecciones importantes de ese que una vez robó.

Aprendemos que Dios perdona todo pecado. No sabemos qué delitos pudo haber cometido Onésimo. Sabemos que le robó a Filemón. Podría haber cometido homicidio. El mintió al viajar a Roma, o de otro modo, siendo esclavo fugitivo, podían haberle apresado y ejecutado.

Lo bueno del caso es que Dios borra el pecado. Debemos ver en cada persona un convertido potencia. Podemos hallar "huidos" en todo lugar y hablarles de Jesús. El Espíritu Santo puede tomar la Palabra de Dios y efectuar la conversión.

Aprendemos de Onésimo que un convertido es hermano nuestro. Filemón el capitalista y líder de la iglesia tenía un nuevo hermano en la fe que pronto estaría llegando al hogar. Muchas barreras existían entre ambos. Y sin embargo, esas barreras raciales, económicas, educacionales, o culturales no pueden separar a los cristianos. Jesús derriba los muros que nos separan, y llegamos a ser miembros de la misma familia.

Aprendemos también que personas que no habíamos conocido anteriormente tienen un trabajo que pueden realizar en el reino de Dios. Onésimo viajó con Tíquico, el portador de la carta de Pablo. Ese viaje de 1.600 kilómetros habría resultado muy peligroso para un solo hombre. Onésimo llegó a ser un camarada del cartero de Pablo. Todos tenemos trabajos que podemos realizar. Y podemos también acompañar a otros en el cumplimiento de sus deberes.

Damos renovación y avivamiento al pueblo de Dios. El testimonio de Onésimo debe de haber sido digno de oírse. Él se puso de pie un domingo por la mañana en la congregación que se reunía en la "casa iglesia" en Colosas y relató la historia de su vida. Él habló de la bondad de Dios al protegerle cuando huyó de Colosas con bienes robados. Contó del emocionante encuentro con Pablo y del ferviente testimonio de éste acerca de Jesucristo. Hizo saber a la gente en Colosas que ahora tenían entre ellos a uno que poseía fe genuina en Cristo. Todos deben de haber gritado "Amén" cuando Onésimo terminó su relato.

Nosotros podemos dar nuestro testimonio también. La historia nuestra es diferente de la de otros en muchos sentidos. Cuando nos "gloriamos en Cristo", surge el avivamiento. Hemos oído a Tíquico y a Onésimo hablarnos hoy, ¿verdad?

Futuros amigos. Únase a las filas de los que siguen a Jesucristo. Seamos parte de ese futuro círculo de amistad en el cielo.

Aristarco, mi compañero de prisiones, os saluda, y Marcos el sobrino de Bernabé, acerca del cual habéis recibido mandamientos; si fuere a vosotros, recibidle; y Jesús, llamado Justo; que son los únicos de la circuncisión que me ayudan en el reino de Dios, y han sido para mí un consuelo.

Colosenses 4:10-11

Capítulo 19

Un trío judío

En el extremo oriental del Mediterráneo hay una pequeña nación llamada Israel, que parece que siempre estará en las noticias, aunque sea de tan reducido tamaño.

Su historia comenzó unos dos mil años antes de Cristo, cuando Dios llamó a Abraham desde Caldea y lo dirigió a Canaán. En Génesis 14:17 se hace referencia a "Abraham el hebreo". A menudo al pueblo antiguo de Dios lo llamamos "los hebreos".

En Génesis 32 se encuentra la historia del nieto de Abraham que cambió su nombre. Jacob luchó con un ángel que le dijo que su nombre sería "Israel", "príncipe de Dios". Nosotros hoy llamamos "israelitas" al pueblo escogido.

El nombre "judíos" también fue dado a ese sector humano. Unas catorce veces antes de la cautividad babilónica (586 a.C.) el término aparece en el Antiguo Testamento. Después que el Imperio Persa llegó al poder en el año 516 a.C. y los hebreos tuvieron libertad para volver a su tierra, fueron llamados "judíos" frecuentemente. La razón es que Judá y Benjamín eran las dos tribus del Sur entre las doce, que constituyeron un reino del cual Judá era la parte más importante y que fue el último en caer bajo los babilonios.

En Colosenses 4:11-12, Pablo dice que sólo dos o tres "de la circuncisión" le apoyaron en Roma. Había muchos otros judíos cristianos allí, pero sólo esos tres mencionados lo habían sostenido. Les damos el título de "trío judío". Demostraron el valor de la amistad al mantenerse unidos. La amistad es uno de esos valores que no tienen precio y la podemos encontrar entre el pueblo de Dios. Todos necesitamos tener amigos y ser amigos. Fijémonos un poco en estos amigos de Pablo.

I. Observemos a Aristarco

Su nombre aparece cinco veces en el Nuevo Testamento. En cada caso, se relaciona con el apóstol. Era de Macedonia y su nombre significa "el mejor gobernante". Llegó a ser uno de los amigos más apreciados por Pablo.

Hay dos grandes verdades que podemos aprender de él. Una es que el cristiano necesita coraje. Todos los días hay un momento en que precisamos valor y fuerza espiritual. Prestemos atención al trasfondo de la vida de Aristarco y comprobaremos cómo Dios lo llenó de coraje. En Hechos 19, cuando Pablo casi había terminado su tercer viaje misionero, Aristarco estaba con él en la ciudad de Efeso, donde se adoraba a la diosa Diana. En el año 430 A.C. se había erigido un templo en su honor, que había sido reconstruido en el 322 a.C. En los días del Nuevo Testamento se lo consideraba una de las siete maravillas del mundo. Ese centro de adoración era mayor que un estadio de fútbol, de unos ciento diez metros por cincuenta. Éfeso tenía medio millón de habitantes y mucha gente viajaba allí para dejar sus ofrendas durante todo el año. Pablo hizo visitas casa por casa, haciendo un impacto tan grande que al cabo de dos años logró formar una iglesia.

En ese viaje misionero, tuvo el apoyo especial de su amigo Aristarco. A medida que se predicaba por parte de la comunidad cristiana, los convertidos se alejaban del culto a Diana. La conversión dejaba a los fabricantes de templos de

Diana, como un tal Demetrio, sin su ganancia. Esa artesanía había llegado a ser su mayor ingreso (Hechos 19:23-35).

Las multitudes se agolpaban en el teatro de Éfeso que tenía capacidad para 24.000 personas y allí discutían toda clase de asuntos. Aristarco fue a defender el evangelio de Cristo en nombre de Pablo y la gente comenzó a gritar: "¡Grande es Diana de los efesios!" Durante dos horas continuaron los gritos en aquel gran estadio. Ocurrió un tumulto. Aristarco no se escapó, sino que permaneció en medio de la turba para testificar de Cristo.

Hoy necesitamos cristianos con ese coraje, Aristarcos cristianos que no tengan miedo de tener coraje para Jesús. La fe y la iglesia crecen no sólo porque los pastores prediquen y los maestros enseñen, sino porque los cristianos están llenos de valor y permanecen fieles a Cristo. Dios puede darnos coraje a todos. Pablo dijo en 2 Timoteo 1:7: "Porque no nos ha dado Dios espíritu de cobardía, sino de poder, de amor y de dominio propio". De ese espíritu puede estar lleno cada uno de nosotros en todas nuestras crisis.

Un cristiano es un voluntario, pues estamos obligados a prestar servicio. Casi es necesario enrolar a la gente cuando llega la hora de contar con nuevos líderes, ocupar la secretaría de la iglesia, mantener limpios los baños o ejecutar alguna música. Pero realmente debemos decir que sí al Espíritu de Dios que nos llama a su servicio.

Pablo contaba con un voluntario a su lado, unos cinco años después de haber dejado Éfeso. Pasó dos años en prisión en Cesarea y viajó por mar a Roma después de haber apelado a César; allí pasó otros dos años encarcelado, hasta que fue puesto en libertad. Durante ese tiempo, Aristarco permaneció con Pablo.

El texto habla de un "compañero de prisiones", lo que probablemente signifique "cautivo por causa de Cristo", o sea que él se mantuvo allí voluntariamente. Tenía libertad para irse y volver a visitar al Apóstol. Hoy los voluntarios también son una bendición. Cada uno de nosotros está presente en la iglesia por su libre decisión, pues somos "cautivos" sólo de Cristo y por eso recibiremos de él una bendición eterna.

II. Observemos a Marcos

Era uno de los miembros del círculo íntimo de Pablo en Roma. Su nombre completo era Juan Marcos. Hay una referencia indudable a él en Marcos 14:51,52, en la historia del joven que corrió en la oscuridad cuando los soldados romanos fueron desde Jerusalén a arrestar a Jesús que estaba orando en el jardín de Getsemaní. Marcos escribió ese evangelio y posiblemente no quería poner su nombre en esa historia embarazosa sobre sí mismo. Apenas si estaba cubierto con una sábana sobre su ropa interior; uno de los soldados romanos lo vio en el jardín, consiguió tomarlo de la sábana y el muchacho corrió a casa sin estar cubierto debidamente.

Unos dos años después, encontramos a Marcos en la casa de su madre en Jerusalén. Pedro había sido arrestado y puesto en prisión. Durante la noche un ángel apareció a Pedro mientras dormía, lo despertó y lo sacó de la cárcel. Entonces el Apóstol fue a la casa de María, la madre de Marcos, donde se había reunido un gran número para orar por Simón Pedro. Marcos estaba allí.

Pasaron doce meses. Entre tanto, Pablo se había convertido. Doce años después, junto con Bernabé hizo el primer viaje misionero; Bernabé era hermano de María por lo cual Marcos era su sobrino. Bernabé lo llevó como ayudante en su primer viaje. Después que el grupo pasó por la isla de Chipre y llegó a la costa del Asia Menor, por alguna razón Marcos dejó a Pablo y Bernabé y se volvió a su casa. Había fracasado. De ese hecho, podemos aprender una gran lección.

Un buen comienzo no asegura que una persona no pueda fallar. Marcos tuvo un admirable comienzo como cristiano. Sin duda, su madre tenía alguna fortuna porque era dueña de una casa grande como para reunir a mucha gente para orar. Bernabé, el tío de Marcos, tenía una propiedad, que ofrendó a la iglesia (Hechos 4:36-37). Marcos vivió en Jerusalén durante los primeros años de la iglesia sin duda oyó a los grandes predicadores y vio crecer la iglesia. Pero luego fracasó.

Cualquiera de nosotros puede fallar. Podemos o no tener un buen comienzo. Los fracasos pueden llegar en cualquier momento de la vida y podemos sufrir tremendas derrotas. Pero cuando fracasamos, no debemos pensar que eso es el fin de la historia.

Podemos ser perdonados o comenzar de nuevo. Aun cuando Pablo y Bernabé podían tener una mala impresión sobre Marcos cuando se preparaban para su segundo viaje misionero, al final Pablo hizo el viaje sin él y sin su tío. Pero más tarde Pablo lo perdonó. Simón Pedro llegó a ser buen amigo y maestro de Pablo (1 Pedro 5:13) y el Señor usó a Marcos para escribir su evangelio. La tradición dice que Marcos murió en Alejandría, en el norte de África, como mártir.

Dios aún no ha terminado su labor con nosotros. Cuando volvemos a los caminos del Señor, él tiene un gran propósito para nosotros. Dio a Marcos una segunda y una tercera oportunidad y también actuará así con nosotros, porque nos quiere a todos en sus filas. Sigamos el ejemplo de Marcos y podremos ser importantes en la obra de Dios en cualquier lugar que estemos.

III. Observemos a Jesús, llamado Justo

Este es el único lugar de la Biblia donde aparece este hombre. El nombre doble es porque uno es hebreo y el otro latino. En hebreo, el nombre "Jesús" es "Yeshua", o Josué, que significa "salvador". Cada uno de nosotros puede ser un pequeño salvador, o sea que podemos ayudar a otros cuando llega la oportunidad. El otro nombre era el de "Justo", que corresponde a la nobleza, la integridad, la verdad, la plenitud. El Señor puede producir ese tipo de persona, o sea que nuestro nombre puede mostrar qué clase de persona, de carácter y fortaleza tenemos. Hay algunas cosas que podemos aprender de Jesús, llamado Justo.

Sabemos que hay personas poco o nada conocidas que son importantes para Dios. A veces la mayoría de nosotros sentimos que no contamos para nada. Eso nos lleva a pensar que podemos abandonar la lucha y que no es posible seguir adelante. Creemos que nadie nos precisa y que nadie se dará cuenta si ya no estamos aquí. Este amigo de Pablo, el último de este trío de judíos, ocupaba un papel importante en la vida del Apóstol. Le ministró mientras era un "embajador en cadenas".

En su comentario sobre Colosenses, el doctor José Martínez de España dice que Jesús, llamado Justo ha llegado a ser más conocido que muchos reyes y eso es verdad. Muchos reyes han quedado olvidados en los libros de historia. Aquel desconocido amigo de Pablo tuvo su nombre escrito en la Biblia.

Nuestros nombres están en el Libro de la Vida. Hemos llegado a ser inmortalizados al seguir al Señor, al permitir que Jesucristo sea nuestro Salvador y al relacionarnos con otros en el esparcimiento del evangelio. Cada uno de nosotros es una persona importante. Mantengamos esto en mente y lo que hagamos hoy tendrá un nuevo significado.

De este Justo aprendemos que podemos estar en un círculo que nos necesita. En Romanos 1:16 se nos dice que el evangelio de Jesucristo es para todo aquel que crea. Ya no podemos formar parte de aquel trío de hace dos mil años. Y sin embargo, comprobamos que podemos pertenecer a otros grupos donde hay quienes nos necesitan. La iglesia es un círculo de amigos cristianos. Formamos ese grupo para compartir el evangelio de Jesucristo de modo que los perdidos puedan llegar a la vida perdurable por medio de nuestro Señor.

Hemos mencionado varias veces al emperador Napoleón Bonaparte. Se lo recuerda como uno de los más grandes genios militares de todos los tiempos. Después de algunas desastrosas derrotas, fue llevado al exilio en la isla de Santa Elena, a mil quinientos kilómetros de la costa de África en el

Atlántico. Un pequeño grupo de fieles seguidores se quedó con él esos años de exilio hasta que murió de cáncer en 1821. Entonces el grupo volvió a Francia. Un fiel amigo se negó a abandonar Santa Elena después de la muerte de Napoleón. Durante diecinueve años, el sargento Hubert cuidó y mantuvo limpia la tumba de su reverenciado general. En 1840 Francia trasladó los restos de Napoleón a París y el fiel amigo viajó con los que llevaron el ataúd.

¿Hemos verificado nuestra fidelidad a Jesucristo el Señor? Hay muchas cosas que podemos aprender del trío judío de Colosas. Es un desafío a emprender un camino de fidelidad a Jesús.

Os saluda Epafras, el cual es uno de vosotros, siervo de Cristo, siempre rogando encarecidamente por vosotros en sus oraciones, para que estéis firmes, perfectos y completos en todo lo que Dios quiere. Porque de él doy testimonio de que tiene gran solicitud por vosotros, y por los que están en Laodicea, y los que están en Hierápolis. Os saluda Lucas el médico amado, y Demas. Saludad a los hermanos que están en Laodicea, y a Ninfas y a la iglesia que está en su casa. Cuando esta carta haya sido leída entre vosotros, haced que también se lea en la iglesia de los laodicenses, y que la de Laodicea la leáis también vosotros. Decid a Arquipo: Mira que cumplas el ministerio que recibiste en el Señor. La salutación de mi propia mano, de Pablo. Acordaos de mis prisiones. La gracia sea con vosotros. Amén.

Colosenses 4:12-18

Capítulo 20

Desafíos espirituales

La mayoría de nosotros hemos visto avisos promocionando equipos para hacer ejercicios. Algunos cuestan centenares de dólares y tienen fama de haber logrado grandes resultados. Sabemos del valor de la buena salud y aplaudimos el desafío de mantenernos en buen estado físico.

La Biblia nos ofrece grandes desafíos espirituales que tenemos que aprovechar. Los últimos versículos de Colosenses mencionan a amigos nuevos y viejos que hemos encontrado en esta carta o en otros pasajes bíblicos. Podemos considerar a cinco de aquellos cuyos nombres aparecen en el Capítulo 4 y aprender de ellos. Nos presentan desafíos prácticos que pueden cambiar nuestras vidas y nuestras iglesias. Debemos aceptar el reto que encontramos en las vidas de Epafras, Lucas, Ninfas, Arquipo y Pablo.

I. Podemos orar por otros

De Epafras aprendemos una importante lección sobre la oración. En Colosenses 1:7 descubrimos que sirvió como pastor en esa ciudad. Antes de cerrar la carta, Pablo dedica dos versículos a Epafras. En ellas se lo describe como siervo de

Cristo que siempre ora por su iglesia. Había viajado a Roma para ver a Pablo. Quizá se había convertido bajo su ministerio mientras el Apóstol trabajaba en Éfeso, durante casi tres años (53-56 d.C.). Al escribir una carta a los colosenses les hace saber que Epafras los tiene en el corazón, porque ora continuamente por ellos.

Es bueno que sepamos bien lo que significa estar "rogando encarecidamente por vosotros en sus oraciones". Estas palabras del versículo 12 nos hablan de trabajo, lucha y dolor en la oración. A veces, puede ser una conversación fácil, pero en otras es un campo de batalla. Así fue con Jesús en el jardín de Getsemaní. Mientras oraba, gotas de sudor de sangre cayeron al suelo. Oró tres veces de esa manera. La descripción de la oración de Epafras sigue ese modelo, que puede recordarnos a los luchadores que combaten en medio de un gran público. Nosotros también podemos ganar batallas espirituales por medio de la oración.

Oramos para que otros puedan estar perfectos y completos. O sea que pedimos a Dios que ayude a otros a mantenerse firmes e inconmovibles. Esta idea de estar "firmes, perfectos y completos" describe a alguien que está en posición militar. A veces se usa como término médico (*anahistimi*), pues significa "volver a estar de pie". En la Biblia leemos: "El espíritu está listo, pero la carne enferma". Ciertamente sabemos que el poder de Satanás es grande y que él quiere hacernos caer. Por lo tanto, podemos orar por nosotros y por otros para que nos mantengamos firmes.

Un importante "lugar" para estar firmes es la voluntad de Dios. El versículo 12 dice que debemos ser perfectos y completos "en todo lo que Dios quiere". Nadie discutirá que debemos hacer en todo esa voluntad. Jesús siempre hizo lo que complacía a Dios. Cada una de sus visitas, de sus comidas, de sus lágrimas era parte de la voluntad de Dios.

En su segundo viaje misionero, Pablo cruzó a Europa, porque sabía que ésa era la voluntad de Dios para él. Epafras oraba por la iglesia de Colosas para que ellos también siguieran esa voluntad. Debemos saber cuál es su voluntad para nosotros. Cuando Dios quiere que una iglesia cambie de lugar, comience una nueva empresa misionera, organice grupos de oración o haga cualquier otra tarea que honre a Cristo, es cuando comenzamos a movernos en la voluntad de Dios. Así podemos orar para que todos los demás sean perfectos en ella.

II. Podemos especializarnos

Esto significa que podemos aprender y estudiar para llegar a estar bien preparados en lo que tengamos que hacer.
En el versículo 14, Pablo menciona a "Lucas, el médico amado". Era un gentil que ejercía la medicina. Antes ha mencionado a algunos judíos, que debían ser los únicos que estaban con él. Por su parte, la compañía de Lucas significaba el cuidado profesional para Pablo por parte de un gentil.

Debe haber sido un gran apoyo para Pablo, quien lo declara "amado". Era un hombre preparado, ya que Pablo tenía problemas físicos y entonces Lucas iba en su ayuda.

Era un escritor "especializado". Escribió su Evangelio, así como los Hechos de los Apóstoles. En cuanto a cantidad de páginas, escribió más que cualquier otro autor del Nuevo Testamento, o sea más que Juan o Pablo. Se ve que había sido capacitado para hacerlo.

Podemos pensar en él como compañero de viajes de Pablo. Viajó con él en la segunda y tercera gira y lo acompañó en su prisión en Roma en los años 61 a 63. Entendía de barcos y de pesca, así como de geografía. A Dios le agrada una mente preparada; así usó a Moisés, a Daniel, a Pablo, a Lucas y a otros que tenían una preparación especial. Necesitamos especializarnos si queremos ser instrumentos que Dios puede utilizar de manera más efectiva. Él no premia a quienes aciertan por casualidad.

Si volamos en un avión, queremos a un mecánico de aviación que entienda de su oficio y un marino profesional si vamos a cruzar el océano confiando en su capacidad. Y si vamos a comer en un lugar público, esperamos que haya un buen cocinero.

Una vez Napoleón entró a la cocina donde María Luisa, su segunda esposa, estaba cocinando una tortilla de huevos y le dijo: "Déjame mostrarte cómo hacer una tortilla". Después de haber cocinado un lado de la tortilla, trató de darle vuelta y la sartén con la tortilla cayó al piso. Entonces él dijo: "Bueno, me he otorgado más talento del que realmente tengo. María Luisa, es mejor que tú cocines estos huevos".

Cualquiera que sea nuestro trabajo, aprendamos la importancia de hacerlo bien. Seamos como Lucas y especialicémonos.

III. Podemos ser buenos amigos

El versículo 15 indica: "Salud a los hermanos que están en Laodicea, y a Ninfas y a la iglesia que está en su casa". Se ve que Ninfas había abierto su hogar para los creyentes de esa zona, de modo que tuvieran un lugar para reunirse. Durante trescientos años después de Jesús, los cristianos no tenían un edificio especial para reunirse. A menudo, como en Roma, lo hacían en las catacumbas. En un primer tiempo, se congregaban en las sinagogas. También recurrían a salones alquilados, pero lo más común eran las casas privadas. Después de la conversión del carcelero de Filipos, él abrió su hogar para que Pablo, Silas y los demás tuvieran una reunión. En Hechos 12, leemos sobre María, la madre de Juan Marcos, que tenía en su casa una gran reunión donde se oraba por la liberación de Pedro.

La palabra "hospitalidad" trae la idea de una recepción amistosa y abierta. De allí surgen otras como "hospital" u "hospicio" que han cambiado de sentido, pero que parten de la noción de un trato agradable, de un lugar donde se pueda cuidar a una persona.

La iglesia debe ser un hogar amistoso para todos los que se cruzan en nuestro camino. Debe recorrer una "segunda milla" para que todos entiendan que han de encontrar una bienvenida en la casa de Dios. Todos deben sentir que están atendidos como si fuera por Cristo mismo, sin que sea decisivo dónde se realizan las reuniones. Hemos de ser cálidos, amistosos, corteses y ciento por ciento gratos a todos los que se cruzan en nuestro camino.

En todas partes de América Latina, así como en muchas partes de África o Rusia, leemos de iglesia en las casas. Esos santos del Señor saben de la importancia de compartir su fe abriendo las puertas a todos. El evangelio puede expandirse y saltar todas las barreras si tenemos tres o cuatro familias en cada iglesia, quizá una docena o más, con ese espíritu de invitar a otros a ir a su casa para reuniones de oración y estudio bíblico. El Señor puede dirigirnos en todo esto: cómo orar por lo que nos preocupa. Bien puede repetirse la experiencia del hogar de Ninfas.

La hospitalidad implica ayudar y simpatizar con el otro. Francis Asbury era un hombre hospitalario. En 1771 los metodistas de Inglaterra lo mandaron como misionero a Norteamérica. Anduvo a caballo ocho mil kilómetros por año, llevando el evangelio a todos a lo largo de las nuevas fronteras. Recibía un salario de 64 dólares al año. Cada vez que necesitaba un caballo o arreos nuevos, encontraba a alguien que se lo proveía. Cuando viajaba, la gente le proporcionaba dónde dormir y un establo y heno para el caballo. Daba todo el dinero que recibía a los predicadores laicos que lo precisaban más que él. En una conferencia regaló su reloj a un pastor, su saco a otro y tres camisas extra a otros predicadores. Eso es lo que podemos llamar "un espíritu hospitalario".

El evangelio se expande cuando lo llevamos con un espíritu altruista y generoso como el de casa de Ninfas. ¿Estamos dispuestos a mostrar el mismo de aquel hogar de la antigüedad? ¿Podemos enfrentar ese desafío espiritual?

IV. Podemos cumplir el ministerio que nos ha sido dado

El versículo 17 declara: "Decid a Arquipo: Mira que cumplas el ministerio que recibiste en el Señor". Quizá haya sido el hijo de Filemón y Apia (Filemón 2). Ese joven puede haber servido como pastor en una iglesia de Laodicea. Hay algunos hechos interesantes relativos a su ministerio que también conciernen al nuestro.

Allí se dice que debemos cumplir con nuestro ministerio, o sea que debemos ser celosos en la forma que lo llevamos a cabo. Es fácil descuidarse y perder lo que el Señor ha puesto en nuestras manos. En 1 Reyes 20:40 leemos sobre un hombre que tenía la tarea de vigilar a otro. Se descuidó y el "prisionero" se escapó. El siervo dijo al rey: "Mientras tu siervo estaba ocupado en una y otra cosa, el hombre escapó". Debemos vigilar nuestro ministerio. Eso es lo que dice este pasaje.

Hemos recibido ese ministerio de parte del Señor. Podemos aceptar la tarea de predicar en la iglesia o ser líderes de un grupo juvenil, o atender la tesorería. Cuando tomamos un lugar de responsabilidad, debemos verlo como algo que viene del Señor. Podemos ver todo lugar de servicio en la obra del Señor o en el mundo secular como un ministerio que viene de él.

Y ese ministerio puede ser cumplido, como un desafío espiritual. Quizá se nos llame a una tarea que dure seis meses o un año o algo que dure toda la vida. La vida cristiana va desde la conversión hasta la muerte. Debemos cumplir esa tarea de vivir para el Señor en todo.

Quizá tengamos un ministerio de oración. La Biblia nos recuerda que debemos orar sin cesar. La iglesia debe mantener esa práctica. Un grupo fue a visitar la iglesia donde el gran predicador Carlos Spurgeon servía como pastor. Era domingo y le preguntaron dónde estaba el secreto del poder de esa congregación. Spurgeon los llevó hasta un salón donde unos cuatrocientos miembros se habían reunido para una reunión especial de oración por el culto de aquel día. Todo predicador o maestro necesita tener detrás de sí una sala de poder como aquella. Debemos cumplir el ministerio de la oración en casa, en la iglesia y en todo lugar donde nos sea posible.

Debemos cumplir también el ministerio del testimonio. Jesús dijo que había que ir a las calles y a las plazas para forzar a la gente a entrar al reino. Podemos ir a testificar en las casa y comercios. Debemos alcanzar a los profesionales como los médicos, los ingenieros, los abogados y los maestros.

Debemos alcanzar a la gente trabajadora común. Los miembros de la Iglesia Bautista de Jacksonville, Florida, visitan unos trescientos mil hogares con folletos evangélicos e invitaciones personales cada año. Dios bendice a su pueblo cuando visita.

Recordemos que, después de aquellos tres años de ministerio en Éfeso, Pablo dijo: "Velad, acordándoos que por tres años, de noche y de día, no he cesado de amonestar con lágrimas a cada uno" (Hechos 20:31). Cuando leemos ese capítulo, aprendemos por qué Pablo tuvo un ministerio exitoso y por qué seguimos predicando sobre él hasta hoy. Él estableció un modelo que todos debemos seguir.

Podemos tener un ministerio para estar junto a alguien que ha perdido a un ser querido. O quizá de llevar a nuestros propios hijos a conocer y crecer en las enseñanzas del Señor. Nuestro ministerio puede ser el ir con un maestro de la escuela dominical a visitar a algún posible miembro de la iglesia. Podemos tener el ministerio de las palabras de aliento y esperanza para el pastor y su familia. Quizá debemos salir al encuentro de un extraño que llega a la iglesia y que necesita escuchar la Palabra de Dios y seguir a su lado y ser su amigo cuando necesita un amigo. Pidamos a Dios que nos muestre cuál es nuestro ministerio que él ha preparado para cada uno de nosotros.

V. Podemos vencer las limitaciones

Todos tenemos en nuestra intimidad algunas limitaciones. Por ejemplo, Pablo escribió en el versículo 18: "Acordaos de mis cadenas". Las tenía en las muñecas, así como a un soldado que lo vigilaba. Él deseaba la libertad pero Dios usó esas limitaciones de Pablo para que el evangelio fuera esparcido. Si no hubiera estado en prisión, es posible que no hubiera escrito la carta a los Colosenses, ni Efesios, Filipenses o Filemón, a las que se conoce como "epístolas de la prisión". Cuando recordamos esas cadenas, como sin duda hicieron los hicieron los colosenses, damos gracias a Dios por la victoria que él le dio sobre esas trabas.

Nuestras trabas o limitaciones pueden ser financieras. Pablo también sufrió carestía económicas, pero ni aun eso lo detuvo en su ministerio. Toda iglesia y todo cristiano podría usar más recursos y sin embargo el poder de Dios no está basado en el dinero con que contamos. Es una limitación que podemos superar.

A veces sufrimos de penurias físicas. Pablo tenía una "espina en la carne", pero él se gloriaba en esas limitaciones. Hay muchos cristianos que continúan sirviendo al Señor a pesar de sus padecimientos físicos. La gracia de Dios provee un camino para todos los que siguen al Señor.

A veces enfrentamos problemas de espacio. El gran predicador inglés Jorge Whitefield lo enfrentó en Inglaterra en el siglo XVIII y entonces salió al campo y predicó a miles allí. Quizá tengamos que ir a los estadios para alcanzar multitudes. Notemos que Pablo testificó dentro y fuera de la cárcel.

Hay un desafío espiritual que nos enfrenta. ¿Cómo lo encararemos y cómo tendremos éxito? Pablo tenía la respuesta en sus palabras de cierre de la carta: "La gracia sea con vosotros. Amén". La ilimitada gracia de Dios llena la vida de todos aquellos que dan lugar al Señor. Con su gracia ilimitada e inacabable, podemos responder al desafío espiritual que el Señor tiene para cada uno de nosotros. La pregunta que nos queda es si diremos hoy que aceptamos ese desafío que nos presenta nuestro Dios.

Apéndice

La vida de Pablo

Pablo nació en Tarso alrededor del año 1 d. de J.C. Aparte de Cristo mismo, podemos considerarlo como el hombre más grande que registra la historia cristiana. Para entender sus escritos, es bueno conocer a grandes rasgos su vida y sus antecedentes. Por eso, presentamos este capítulo introductorio. No estamos seguros de algunas de las fechas y de los eventos en la vida de Pablo. Pero el libro de los Hechos y sus cartas, proveen suficiente información como para convencer a cualquiera del lugar singular que ocupa en la historia del cristianismo.

Influencias

Pablo nació en una familia judía estricta. Su padre era un fariseo que vivía en Tarso, habiendo emigrado probablemente de Galilea (Hechos 22,23). Su ciudadanía romana, su formación en esa ciudad de importancia cultural situada en la costa noreste del mar Mediterráneo y su herencia judía le fueron de gran beneficio en su vida.

La vida escolar tuvo una gran influencia sobre Pablo. Desde los 6 a los 10 años, estudió en la "Casa del libro", conectada con la sinagoga judía en Tarso. De los 10 a los 13 años, estudió para llegar a ser un "hijo de la Ley" cosa que se reconoce en una ceremonia llamada "Bar Mitzvah". El "Bar Mitzvah" afirma el hecho de que el muchacho ha llegado a la edad de ser responsable y de cumplir sus deberes religiosos. Es una ceremonia de iniciación en que se lo reconoce como "Bar Mitzvah". Estos últimos estudios, como los de sus primeros años se concentraban en estudiar el Antiguo Testamento junto con el hebreo y el griego. También, como parte de sus estudios, tenían que aprender un oficio. Pablo aprendió a fabricar tiendas de campaña. Originalmente, los que estudiaban para ser rabís (maestros de la Ley) practicaban su oficio y no aceptaban sueldo ni obsequios.

Desde los 15 hasta los 18 años, Pablo estudió en Jerusalén bajo Gamaliel, uno de los más destacados rabís (Hechos 18:3).

Años de silencio en Tarso

Pablo regresó a Tarso cuando tenía unos 18 años. Hasta más o menos los 33 años se dedicó a la fabricación de tiendas y a enseñar en una sinagoga en Tarso o en sus alrededores. Estos fueron años valiosos en su vida al enseñar las Sagradas Escrituras y ganarse su sustento. Puede que haya sido miembro del Sanedrín (la Corte Suprema judía). Un requisito era que tenían que ser casados.

Pablo el perseguidor

Podemos percibir algo del celo de Pablo (o Saulo) por la religión de sus padres después de la resurrección de Jesús. Hechos 9:1-3, 7:54 y 22:4 cuentan el desastre que fue "Saulo de Tarso" para los primeros cristianos. En esa época tendría entre 33 y 35 años de edad.

Conversión de Pablo

Hechos 9:3-18 relata cómo "Saulo de Tarso" iba camino a Damasco para encarcelar a los cristianos y detener la marcha de la nueva fe. Al ir acercándose a la ciudad de Damasco, la luz de la gloria del Cristo resucitado lo cegó. Fue llevado hasta Damasco. Dios envió a Ananías para ministrar a Pablo a quien llamó "hermano". Las escamas cayeron de los ojos de Pablo, fue lleno del Espíritu Santo y, luego, bautizado.

Un retiro de tres años en Arabia

La conversión del terrible perseguidor ocurrió alrededor del año 34 dC. Nadie puede decir cuáles fueron los "límites de Arabia" durante su peregrinaje en el desierto. Hay quienes creen que puede haber ido hacia el sur llegando al monte Sinaí donde Moisés recibiera los 10 Mandamientos. Durante esos tres años, el Espíritu Santo fue el maestro de Pablo, como nadie hubiera podido serlo. Regresó a Damasco y empezó a predicar. Surgieron enemigos que le persiguieron en esa ciudad. Los discípulos lo sacaron en una canasta que bajaron por el lado de afuera del muro de la ciudad (Hechos 9:25 y 2 Corintios 11:33). Pablo fue luego a Jerusalén y pasó dos semanas con Pedro visitando también a Santiago, el medio hermano de Jesús (Gálatas 1:18, 19).

Una larga estadía en Tarso

Desde alrededor del año 37 al 46 dC, Pablo vivió en Tarso. No tenemos ningún registro de los sucesos de su vida en este lapso. Podemos suponer que predicó y trabajó. Su "visión del rapto" celestial fue durante esos años en Tarso (2 Corintios 12:1-5).

Nueva responsabilidad en Antioquía

Muchos de los cristianos que habían sido perseguidos en Jerusalén huyeron a Antioquía de Siria. Crecieron hasta ser una iglesia fuerte y misionera. Cuando necesitaron nuevo liderazgo, Bernabé se apuró a ir a Tarso para pedirle a Pablo que viniera y ayudara. Durante un año los discípulos aprendieron y se desarrollaron bajo la enseñanza de Pablo y otros. Dios usó ese año para preparar a "Bernabé y Saulo" para ir a nuevos campos.

Primer viaje misionero

Hechos 13 y 14 cuentan de cómo el Espíritu Santo llamó a Bernabé y a Saulo y relatan sus viajes. Partieron de Antioquía junto con Juan Marcos, el sobrino de Bernabé. Su visita a la isla de Chipre abundó en sucesos emocionantes. Fue entonces que el nombre "Saulo" cambió a "Pablo". Ya no volvió a usar su nombre judío. Pablo es la traducción romana de Saulo. Como actuaba en el mundo gentil, se le pegó ese nombre.

Cuando los misioneros llegaron a la costa sur de Asia Menor en Pérgamo, Juan Marcos los dejó y se volvió a su casa. Pablo y Bernabé tuvieron muchas experiencias en los meses que pasaron en Antioquía de Pisidia (Asia Menor o Galacia), Iconio, Listra y Derbe. Los líderes judíos apedrearon a Pablo en Listra, de donde era Timoteo. Al poco tiempo los misioneros regresaron a Antioquía de Siria e informaron sobre su viaje a Chipre y Galacia (Asia Menor) en que cubrieron 2.400 kilómetros durante dos años de labor misionera.

El importante "Concilio de Jerusalén" tuvo lugar en el año 50. Pablo estuvo presente y uno de los temas candentes que se discutió acaloradamente y se aclaró, fue "salvación por fe" para los gentiles.

Segundo viaje misionero

Hechos 15-18 relata el viaje misionero de "Pablo y Silas". (Pablo y Bernabé tuvieron un desacuerdo por Juan Marcos y por eso se separaron). Otros colaboradores como Timoteo que se unió a Pablo y Silas en Listra, después Lucas y otros "van y vienen" con el equipo misionero durante esos años 51 al 53.

Pablo y Silas viajaron por toda Galacia "confirmando a las iglesias". Siguieron hasta llegar a Troas donde Pablo recibió "el llamado macedonio". Dejaron atrás a Asia Menor y pasaron a Europa.

Los emocionantes sucesos en Filipos como la conversión de Lidia, de una muchacha poseída por los demonios y del carcelero de Filipos, muestra cómo Dios obró a través de sus misioneros.

Después de tres semanas en Tesalónica, los zelotes judíos expulsaron de la ciudad a los misioneros, pero no antes de que se formara la iglesia. Luego, encontraron "escudriñadores de las Escrituras" en Berea. Y, más adelante, Pablo descubrió que Atenas era un campo grande para evangelizar. A pesar de ello, pasó allí sólo tres meses. Recordamos su famoso sermón en el Areópago y su diálogo con los filósofos, luego las conversiones.

Corinto fue la próxima parada de Pablo en su segundo viaje. Se quedó en esa ciudad griega durante 18 meses. Escribió 1 y 2 Tesalonicenses desde Corinto, predicó y fabricó tiendas, ganó a muchos para Cristo y organizó una iglesia. Luego fue a Éfeso, Jerusalén y vuelta a Antioquía de Siria. El viaje misionero, que duró tres años, cubrió 4.800 kilómetros.

Tercer viaje misionero

Hechos 18-21 abarca el tercer viaje misionero de Pablo desde aproximadamente los años 54-58. Desde Antioquía, el "equipo" cruzó Asia Menor (Galacia) llegando finalmente a Éfeso. Pablo pasó tres años en Éfeso, la gran ciudad desde la cual el evangelio se extendió a las otras "iglesias del Apocalipsis". Es muy probable que escribiera en Éfeso la carta a los Gálatas y la primera a los Corintios.

Allí Pablo predicó en una sinagoga durante tres meses y, luego, durante más de un año en un "salón alquilado".

Después visitó nuevamente Filipos donde sin duda visitaría a algunos de sus primeros convertidos. Escribió allí 2 Corintios.

Y volvió a visitar a Corinto. Allí escribió su famosa carta a los Romanos.

El tercer viaje misionero fue el más largo de todos. Para regresar a "casa", Pablo viajó por tierra y por agua, escapando de los judíos que lo acechaban al partir de Corinto (Hechos 20:3).

Llegó a Troas. Predicó allí hasta la medianoche. Un joven llamado Eutico se quedó dormido y se cayó de una ventana, fue revivido y Pablo continuó predicando hasta el amanecer (Hechos 20:3-6). Luego siguió a Mileto donde los ancianos de Éfeso le hicieron una larga visita de despedida.

Al llegar Pablo a Cesarea sobre la costa de la Tierra Santa, Agabo le advirtió que no le convenía ir a Jerusalén (Hechos 21:10-11).

El viaje terminó en Jerusalén después de recorrer 5.600 kilómetros por tierra y agua durante sus más de tres años de esfuerzo misionero.

Arresto de Pablo en Jerusalén

Hechos 21-23 relata el arresto de Pablo, la conspiración contra su vida por un grupo de 40 judíos, y su propia defensa.

De vuelta a Cesarea

Pablo fue llevado a Cesarea bajo la protección de un numeroso contingente militar romano. Durante dos años, desde el 59 al 60 permaneció encarcelado en Cesarea. Los líderes del gobierno vinieron para ver al "prisionero del evangelio".

Viaje a Roma

Hechos 27-28 relata el viaje cruzando el mar Mediterráneo. Cabe destacar la crónica del hundimiento del barco y de cómo se salvaron 276 vidas en la isla de Malta. Otros sucesos del viaje también son muy interesantes.

Prisionero en Roma

Pablo permaneció en Roma entre los años 61-63. Durante esos dos años testificó a muchas personas de "la casa del César". Y escribió Efesios, Filipenses, Colosenses y Filemón. El libro de los Hechos finaliza con Pablo en Roma "predicando el evangelio del reino" en su propia casa alquilada. Dios lo usó durante esos dos años para escribir las cartas que han moldeado la historia cristiana.

Libre nuevamente

Pablo recobró su libertad en el año 63. De allí en adelante no se sabe mucho de sus actividades. Muy bien pudiera ser que en los tres años siguientes visitara España y otras provincias del Imperio Romano.

La primera carta a Timoteo y la destinada a Tito surgieron de su mente y corazón durante esos años de libertad, entre 63 y 67 d.C.

Encarcelamiento final

Pablo regresó a Roma en el año 67. Fue arrestado en algún momento ese mismo año. En otoño, Pablo escribió su segunda carta a Timoteo. En ella pidió a Timoteo que "viniera antes del invierno". Le pidió que le trajera su capa y sus pergaminos.

Al poco tiempo fue su juicio. Pablo fue condenado a muerte. Por ser ciudadano romano, no podía ser crucificado. Los soldados romanos lo condujeron fuera de Roma por la Vía Apia. Un puñado de hermanos en la fe lo siguieron hasta el lugar de la ejecución. Quizá les haya dado a algunos de ellos sus libros y su capa, diciendo: "Ya no los voy a necesitar".

Y quizá le haya venido a la mente en ese momento las palabras que hacía poco había escrito a Timoteo en su segunda carta:

"He peleado la buena batalla, he acabado la carrera". Quizá haya recordado las palabras a los Filipenses: "Para mí el vivir es Cristo, y el morir es ganancia".

Pusieron a Pablo sobre una pequeña plataforma. Cayó el hacha sobre su cuello y su cabeza ensangrentada rodó al suelo. En ese momento la vida de Pablo fue llena de gloria y esplendor al despertar en la presencia de Dios. Sí, "morir es ganancia".

Dar nuestra vida al servicio de Jesucristo es la mejor inversión que podemos hacer. ¿Por qué esperar?

chapter FIFTEEN

Steven reached to the bookcase and took the picture and held it with his two hands. "This picture," he said, "just a beautiful child. Not yet a man. There's nothing else to see." Turned it to show John Trickett.

"Those innocent eyes," John said.

"What we can't see doesn't mean it's not there."

"What do you mean?"

"Fear." Steven lit his cigarette. Looked at the length of it between his fingers.

"What was he afraid of?"

"He was holding a machete. It was covered in blood. The shorts he was wearing were soaked with blood. And it wasn't his. Behind him on the side of the road bodies lay strewn. All hacked. He was afraid that he would die like those he helped kill."

John Trickett's mouth parted, confused and disturbed by such a claim. Just a picture of a black boy. It couldn't be true. Steven couldn't be trusted. A story to entertain him in a gruesome manner. But he could see that all was not show and fabrication. Steven's jaw still shivered by the telling of it. The absolute sobriety in his voice.

"What were you doing there?" John said. Beginning to worry now by things he didn't know. The grave furrows of his own fear. The flash back to a news-clip overshadowed by weather and hockey

scores and the smell of roast beef.

"You might think I'm full of shit."

"I didn't think you cared what I thought."

"Maybe I do."

"Alright. Just don't mess with me. I just might get drunk and believe you."

"Open that other bottle, Zeke."

John Trickett poured the rest of the first bottle into Steven's cup, then opened the second bottle. "Does this mean you'll take me to Luke?" he asked. Looked down into his cup. Left Steven some room.

"You could have asked Billy Bum to take you," Steven said. He pinched off his cigarette and put it in his bag of butts. "Habit," he said.

"Yeah, I could have."

Steven nodded as if some meaning was left unsaid but understood. A bargain struck. His eyes flashed prophetic in the candle light. He placed the picture back on the bookcase. Something symbolic in the flame licking the picture glass.

"My father is an elder at St. Andrews," he said. "He comes by once a week and brings me his old newspapers. He doesn't say much other than, 'when you coming home, Steven?' A sad man since my mother died. The church keeps him busy. Presbyterians aren't ones to be idle. A whole world to save. Heal the suffering and all that."

Steven spoke a whole minute without swearing. Didn't spit his derisive offensives. The even timbre of speech. Contradicting.

"I wouldn't know," John said. It was true that he didn't. Walter Trickett could never afford to dismiss two strong backs on Sundays. Though he kept a Bible just in case a drought had dug in like a mule. Pulled out all stops at such times. John's mother went to church alone after Luke vanished. And she prayed a great deal. But John thought that was just the grieving that would never leave her. He wasn't down on religion. He just never had time for its formality. In fact, he felt

those evenings alone in the Cypress Hills was a type of religion. He talked to the stars. And he recalled how Luke talked that same way to aspens in autumn. Quaking leaves, like golden coins against the deepest blue sky. Luke speculated that such beauty might be God.

"Believe me, it's true," Steven said. "I finished my first year in medicine at McMaster University in the spring of 1994. My father made sure that I had no time off to stray and pledged my service as a medical assistant in Rwanda. There was a tribal war brewing there, incited by rebels, and the World Help League sent out a plea for students. Why not? I didn't know anything. Been nowhere. A week after term papers I found myself in some village amidst the worst genocide since Hitler, the systematic murder of villagers. Machetes and masus. Kill or be killed was the edict. Boys like him.

"We were stationed in a field hospital. Treating survivors. Limbless men and women wandering like zombies. Buzzards followed the killing like clouds of hell. That colorful clothing and gaping pink slits in arms and legs. Heads split open like melons. It reminded me of that scene in Apocalypse Now when they butchered that water-buffalo. Do you remember that?"

John didn't move. Couldn't.

"Anyway, we stitched them up the best we could. We heard horrific stories of women who served as sexual slaves. Raped with rifle barrels and sticks, mutilated then murdered. Fear had so consumed the people that they turned in their own families and watched them die. We didn't know who was fighting who. And we didn't know why.

"The scale, the scope of such butchery began to affect me. I couldn't sleep. I became increasingly anxious. I felt panicky. Like I was losing my mind. But there were those among us who fared worse. There was a young girl from my father's congregation who went with me. A nursing student named Claire. She had a camera. Took that picture. One night the rebels came and took her and her camera. She managed to remove the film. They placed her in

an abandoned house. Dead bodies were stacked in the living room. Flies. The smell. In the pile of corpses one hand moved from beneath. Someone was still alive. She stayed there and held that hand. A man or a woman, she didn't know. She held the hand and stroked it all through the night and in the morning that hand went limp and cold. The rebels destroyed her camera and after much deliberation released her. She possessed a depth of compassion that truly was a marvel. She said that it was a privilege to share the end of one's life. I think it saved her.

"I remained in Africa for four months then returned home to continue my studies at McMaster. But I couldn't do anything. I couldn't hold a thought. I fell into a deep depression. My father counseled me. Then a shrink. Medication. Another shrink. I began to work at St. Andrews helping out with the homeless. My father's idea. Serving food. I took food down into the Don River, here, that autumn. Some guy in a lean-to invited me to stay. He was so happy with his meal. His first in a long while. He had Aids and was dying. He was so composed, withdrawing from the world on his own terms. He said that he had seen the other side and that it was good. I visited him a few times and then one day he was gone. They found him in the river. I guess he just decided it was time. Returning to the womb. I sat in his shelter that day. The river wanted me too, but I fought against the pull of it and just listened to the silence. Listened to the woods. Nothing lasts in this world. Everything is impermanent. I suppose that's what I learned."

John Trickett sat still. Something scurrying across the tarp. The world exploding in his head. He felt a vague sense of hopelessness. What's the point of it all? What those old-timers seemed to say in Prosper. He took a long drink. Then another. The scurrying inside his skull.

"Well, Zeke, now you've heard my story, what about you?" He pointed to the pack of cigarettes in John Trickett's pocket.

John just stared at him, not quite sure who he was looking at. It

was if Steven were two separate people. The contemptible panhandler and the humanitarian. Which one was he? The grounds for his loathing seemed to shift beneath him, his supposition called into question. John removed the cigarette pack and tapped out a cigarette for himself and gave the rest to Steven. His inebriated grin.

"Why don't you just go home, Steven? Sounds like your father wants you back." John Trickett lit his smoke with a twig set alight from a candle.

He lingered on the sound of his name. Validation."The truth is," he said, "I would if I could. But something happened to me in Africa. Something that just won't heal. I've heard of it happening. Not everyone."

"What?"

"Sometimes when a person is subjected to intense horror and terror over a period of time, the patterns of their brain can be irrevocably altered. It happens to soldiers even when they are prepared for such things. I wasn't. Had no idea. Just a Canadian kid with big dreams who landed in the middle of a holocaust."

"Wouldn't you be safe at your father's house?"

"I'm not good in public. I have these rages. Blow up over little things. A shrink told me he thinks it's some kind of defense mechanism trying to protect myself from the horrors I've seen. My brain interprets small things as something threatening. I swear. I yell. I go a little nuts."

"No shit. Why not here, though? You seem different."

"Nothing can threaten me here. The world's out there. I've found sanctuary in being alone. Believe me, Zeke, it takes all my energy to get up to Bloor Street where I show the world this crazed kid. To keep it at bay. Intimidation for a few coins."

"Why were you following me yesterday?"

"Don't know. You need help and perhaps a part of me still wants to help people."

"My brother Luke needs help."

"How does a brother of a farmer like you end up here? Tell me that."

"I'm a rancher," John said a little disgusted and drunk.

"Whatever."

"Luke has schizophrenia. He walked away from a half-way house twenty five years ago."

"The last time you saw him?"

"Not exactly."

"What, then?"

"My parents had him committed to an institution near Vancouver."

"Did you go see him?"

"No."

"And you wonder why he walked away from that half-way house."

"Yeah."

"Fuck, Zeke, I had the impression that you were close to your brother."

"We were best friends."

"But you bailed on him."

"Yeah. I bailed on him."

"Why now?"

"I don't know."

"You guilty fuck, Zeke. Twenty five years of fucking guilt. The great motivator."

"Easy pal, it sounds like you're getting a little riled. You're the one running away. Hiding out in this hovel."

"What the fuck do you know?"

"Hey don't lecture me, asshole. I heard the way you talked to that Billy Bum and his monkey-boy."

"Monkey-boy? Why did you call that kid a fucking monkey-boy?"

"That's what he looked like. A monkey. Why?"

"What, you think I hate them, that I despise them for what they are? Well, I don't. I hate the idea that my life has come to this. Working my way back to the primordial ooze. They're just reminders where I am. It's not personal. Those two get nothing but grief. They're here because they have nowhere else to go. Man, Zeke, you must have lived in a fucking gopher hole. It's what they have learned in this world, what the world has taught them. Yeah, you can blame them. But it's like giving kids constant access to violent video games and movies. They learn that violence is an option in resolving conflict. It's what we fucking teach them. Over and over and over until they get it. Then we wonder what happened in Columbine."

"How is it that you've got things figured out?"

"I don't. I'm still looking for meaning here, Zeke. Fucking answers. Like you!"

"I don't see a gun to your head."

"Look, you prick, I know we have choices in this life. But it's not everything. Viktor Frankl was a survivor of Auschwitz. He told the story of one cold morning when he was loaded into the back of a truck with other Jews bound for the concentration camps. There was this young German soldier guarding them with a rifle. He was cradling a cup of coffee. It was cold and he was shivering. A kid like him. He realized just then that he could have been that young soldier. Under similar circumstances. Leading innocent people to their deaths. What was that kid thinking?

"And when you grabbed me by the throat, there wasn't much difference between us. Fear is fear. As there isn't much difference between us right now. Who knows, I could have been a homosexual."

"Why would you want to be?"

Steven jumped up from his mattress. Fell forward on his knees. "I don't believe it, Zeke. You fucking homophobe. God save Saskatchewan!" He pulled the tarp back and slipped out into the dark and began to shout. Raged against the night.

"Billy Bum and the monkey-boy are fucking homos. They woke

up one day and said, 'let's be fags'. Come see Billy Bum and the monkey-boy in, The Don Valley Queers!" A wicked laugh, scornful and shrill.

John Trickett closed his eyes as the shouts rang harshly through his head. The spinning wouldn't stop. He was numb by the paradox that was Steven. He hated him. He hated the ravines and the desperation. The hopelessness that lurked about like shadows.

chapter SIXTEEN

In the morning John Trickett opened his eyes and regretted stopping to help Sonny Merlot. Looked at his watch. Nearly noon. He hadn't slept that late in his entire life. Silhouettes of leaves laced the ceiling, swaying, scratching. Gashes of sunlight. He was covered with a blanket. He looked over at Steven, the explosion of hair from his quilt, the muffled dieseling of stale air. Wine bottles and Tim Horton's cups on the floor. The eternal watching of the African boy and ants arriving in single-file. Another party. Then someone lifting the front flap of the tarp. The big head of the ranting woman.

"Steven," she shrilled, "it's Sunday. Are you coming to the service?"

"He's sleeping," John Trickett said to the girl in a cranky tone. Hoped it would send her away. He tried to move but his back had seized. The cold damp cardboard. He threw off the blanket. He was fully dressed and still wearing his boots.

"Not for long," she said crawling into the shelter. She took hold of Steven's shoulders and began to shake him. "Steven, get up!"

Steven's arm came up swinging. "Fuck off, Angela," he said, "didn't you hear Zeke?

"Funny name. Zeke. Sounds like he should be raking leaves."

"Yeah, I'm just taking a break," John said. He had about enough

of that nickname.

“Your fucking hilarious, Zeke,” Steven said.

“What’s his story?” Angela said tossing her head towards John.

“He came out from Saskatchewan to find his brother. Going to bring the Bug Man home. Save his crazy-assed soul.”

“Good for you, Zeke.” She nodded approvingly. Impressed with a good Christian. “Now, Steven,” she said, “it’s Sunday and you promised me that you would come to our service. Do a talk for the others.”

“I was lying.” His head still buried.

“Steven!”

“Shut up, Angela.”

“You’ll come then?”

“Yeah, later. Me and my partner here have business up near the Brick Works.”

“Okay, later. It’ll be an evening service. Bring Zeke, it looks like he needs some mothering.” A parting look to John as she backed out of the shelter.

John managed to sit up. He was certain that he didn’t need mothering. His hat was squashed and he beat it into shape. He sat miserably with a furry tongue and he was thirsty and filthy and thought about the hotel room. Slip out and get cleaned up. A good breakfast of bacon and eggs and toast with raspberry jam spread thick and sweet. Maybe some pancakes with maple syrup. Surely they had pancakes in Toronto. Coffee to smooth out his edges. Lots of coffee. He would come back in time for Steven to take him to Luke’s camp. Save him a piece of bacon.

But he quickly realized the inequity in such thinking. He sat there and felt the hard reality of Steven’s life. Thought of what he said the night before. Drinking wine and telling horrifying stories. Death in Africa. Then he remembered how Steven staggered out of the shelter. Something he said. Told the world about Billy Bum and the monkey-boy. He wondered what their names were. They had

names. Of course they had names.

Steven sat up and noticed John Trickett looking at him with that wondering vigilance. "What?" he said.

"Didn't have to yell like that."

"Fucking Tarzan, eh?"

"Saw no need for it."

"It was your fault, Zeke."

"I don't think so."

"You hungry?"

"As hell."

Steven pulled out the styro-foam box and opened the lid. "Since you brought me half, I'll return the favour. Sound like a deal, Zeke?"

"No thanks."

"Suit yourself," Steven said. He crammed the leftover sandwich into his mouth then swung his legs over the edge of his mattress and pulled on his running shoes. "Let's go," he said, "sun is just about right. You'll want to see it when it's lit up. If we don't find your brother, it'll be worth the trip. Believe me."

"We'll find him."

Steven stared at him. Not hard. A look. "You're not such a bad old Zeke. You just haven't got out much. Kind of bushed, I would say."

"Is that a compliment?"

"An observation."

They stumbled out of the shelter and pissed back to back like duelists. Then John followed Steven out of the thick woods to the trail along the river. He walked stiff gaited like a circuit cowboy. He removed his hat and raked his hair with his fingers. Picked the sleep from the corners of his eyes. Dug out his ear wax and cleared his nostrils. Rough grooming. Made sure no one was looking. Made Steven stop and turn to him.

"What was that? Fuck, Zeke." Looked over his shoulder and down his back. That fierce farmer blow.

"I need a cup of coffee," John said.

"Yeah, me too. I think there's a Starbucks just past that tree." Rolled his eyes.

"I'll get a headache without it."

"I think I'm going to fucking cry." Put on a pouting look.

"Yeah, well, you're probably use to it."

"No, being hungry, dirty and feeling like shit everyday is not something you ever get use to. And I can hardly wait for fucking winter."

"I have a hard time believing that you want to live down here. And that you just can't say, fuck it, I'm going back home. Clean myself up - get a job - save some money - go back to school."

"Did you say, fuck it, Zeke?"

"Let's go, Steven. I need to get this done."

"Is that all I need to do? Damn. I wish I would have thought of that."

"All I'm saying is that your pretty bright for a lunatic."

"Now there's a compliment."

"No, just an observation."

They walked side by side along the river trail and met Sunday walkers who eyed them with suspicion, unworthy of any inference of a salutation. John felt their assumptions, that he too was reduced to a vagrant, a fringe dweller slouched and wanting. It wasn't too difficult to pick out the visitors. Hair tamed to some modern style and clothes clean and matching and a certain purpose to their movements. That willful swagger. Cameras to record their scheduled leisure and cell phones pressed to tilted heads. The plump and florid images of mainstream masking some other wanting. John was beginning to think that everyone had it in varying degrees. Something human that rises from no dearth of troubles.

They crossed under the racket of the Bloor Street Viaduct. The sun was hot on John Trickett's back and his neck was sticky with sweat. He wouldn't take off his jean jacket as he liked to have his

hands free and he suffered because of it. But he would never consider complaining about his discomforts other than craving for coffee. His head began to ache dully from caffeine withdrawal. It was bothersome but he tolerated it.

"You never answered me, Steven," John said to keep his brain distracted.

"I'll walk out of here one day, Zeke. Don't worry about me."

"I'm not."

"Just save your fucking brother."

"Yeah. How far now?"

"Just look for it below that bluff. You'll see the light."

"I don't see anything."

"You will."

"What did Angela mean by mothering?"

"I think she thought you were a sad sack of shit and in need of some attention. Either that or she has a crush on you."

"You sure can be an asshole. Give me a smoke"

"Get your own."

"Fucking unbelievable."

"You're starting to swear a lot, Zeke."

"You're a bad influence."

"You can never be sure what is good or bad. It's a matter of perspective. Points of view. Things just are. Nothing black and white. I saw this bumper sticker once when I was working Queen Street and it read: Auntie Em, hate you. Hate Kansas. Taking the dog. Dorothy."

"That's pretty funny."

"Are you going to laugh?"

"What are you going to talk about at that service? Doesn't seem proper with your mouth. Fuck this. Fuck that."

"Well, it's my father. He still has hope for me. He's trying to lure me back to St. Andrews. His Don Valley congregation. He gave Angela something for me to read to the addicts. I think he hopes I

have an epiphany or something."

"A what?"

"You know. The lightning bolt. I suddenly will have everything figured out."

"Yeah, isn't that what I said?"

"It's a little different, Zeke, than saying fuck it."

"Anyway, it doesn't look like he's about to quit on you. That's something."

"Yeah."

The way Steven looked at him just then. The way their eyes met. Some understanding. John Trickett had the impression that Steven somehow liked him. Perhaps admired him. Steven seemed to enjoy their banter, that same talk John had found offensive. There was nothing offensive about it really. That was just a veneer. Steven was more than cussing and sarcasm and had a odd sense of humour. It leaked through when John tried not to take his raillery personally.

The valley veered and something flashed. There was little doubt what it was. Shafts of diaphanous light bore out of the hardwoods like searchlight beams where a ravine cleft deep into the bluffs of the Don.

"This is the spot," Steven said. "Most people think nothing of it. They think it's a window from a house up on the ridge. A piece of broken glass. Something explainable. Not so amazing."

"Isn't that something?" John said removing his hat like a rancher beholden.

"You're so melodramatic, Zeke."

"It seems to be changing. Moving. Like the northern lights."

"Come on, let's see it up close before it's gone. It doesn't last long. It's like a sunset."

John's heart beat quickened as he followed Steven. His eyes peering into the shadowed woods expecting to see someone darting from tree to tree. A phantom among them. Luke stealing along the fringes, watching, speculating in his distorted mind what it was that

drew him to that man who called out to him where cars delivered his booty of bugs. What remote memory was sparking and whispering, arcing through the static of years? Some truth lost to him.

But there was nothing there along the unmarked path that left the Belt Line Trail save for the flash of juncos and a fat grey squirrel watching inverted and stiff from the trunk of a maple. Its jerky descent. Tentative. And then the sunless woods brightened, the transition from night into day. And as John Trickett broke from the shrouded woodland into a luminous clearing, Steven was already standing slack and agape before an abstract scene alien contrived. That scene in the dark woods from ET. A space ship made out of jars.

chapter SEVENTEEN

"He's not here," Steven said, his head slowly turning to take in the Bug Man's lair. A mechanical rotation. Then a flash of movement. Form slipping through the trees.

John saw it too and rushed forward. "Luke!" he called out. "Luke Trickett, it's me John. Come back. It's your brother Johnny!" Then stillness. His panting breath. The jars. His mind skeptical of what his eyes could see.

"He shot out of here like a fucking arrow," Steven said. "I told you he's a hard fucker to catch."

"We can wait. He heard his name. He'll remember. He'll be back."

"Alright. You sound sure, Zeke."

"You don't have to stay."

"There's no way I want to miss this reunion."

"It might be a while."

"Like I've got somewhere to go."

"What about Angela?"

"If you can bring your brother in, I'll have something to talk about. They just might start to bawl. Inspire them to quit this place. Inspire me, Zeke, You never know."

They stood shoulder to shoulder like travelers to a lost world of

myth and fantasy. Before them a glass menagerie, shimmering, effulgent, alive with shadowed insects clicking in jars and suspended dead in amber fluids, jars of every size and shape, walls of glass fired by the sun, a labyrinth of jars, a maze so astounding in planning and art that it seemed all at once some tribe's reckoning of the world when the passing of seasons was tracked by ancient physics. A camp, a palace shaped out of jars. Geometry of some unknown significance. Some purpose to the creator, craftsman, artisan, madman. Luke.

Slowly they moved around the periphery, walls as high as John could reach, the light splayed, mirrored and scattered into a thousand diamonds. Reflected, refracted. Prisms fanned out, disappeared, reappeared. Blinding. Electric. And struck by such intensity of light, John turned to the shadows inside the jars, the insects that he knew, that he would never forget. He pressed in close, but Steven stayed back, cautious of the ugliness, the revolting collection, unmoving. For they were dead, a host in each jar. But still the clicking from somewhere near. Dragonflies, Green Darners and Ten Spots, their great wings outstretched, plucked from the hard combs of radiators. Rows of them. Fat black nymphs, worms and caterpillars bloated in fluid. Preserved. Magnified. Crickets and Cicadas. Giant Water Bugs like turtles. Hercules Beetles, Ox Beetles, Stag Beetles in shiny black armour, mandibles like antlers. And sinister Mantises still praying in death. Row on row like cells of some grand collector. A tribute to Class Insecta. The paranoid projection of Luke's hallucinations, his highly organized imaginary world made real.

And John entered the glass fortress through a portal, a threshold facing west and another facing east, a way in and a way out. Steven followed. They crept like pirates, their careful footfall as there on the floor wooden pallets duly bristled with pinned insects, a forest of dead hulls tagged with identification. John knelt down to read the inscriptions, but they were illegible. It was the same way that Luke collected insects as a boy. Pinned through the thorax and labeled. Coleoptera, Carrion Beetle. Luke Trickett, Collector. Battle Creek

Sask., August 19, 1972.

A narrow isle between the pallets of impaled bugs lead to a stack of pallets covered with blankets. Some shrine to the insect gods. A gas lantern on a makeshift table. The lure of light in the pitch black Don. In the corner the entomologist tool kit: wide-mouthed jars with rubber stoppers, tape, jars of ethyl alcohol, a net, nail polish, a jar of potassium cyanide, a tin of fumigent, cotton balls, hand lens, tin of No.1 insect pins. And still the clicking.

On the opposite end of the enclosure boxes with clear plastic covers pulled taught and taped. Holes poked through for ventilation. John and Steven peered over the sides into the box of incessant clicks. Countless black beetles with eyes on the back of their heads. Click Beetles, many on their backs, flipping into the air with a loud click to right themselves. Pelting rain on a tin roof. Then another box, open, with twigs and leaves. Black pupae, green and gold chrysalises. Chubby yellow caterpillars like miniscule school buses. Butterflies emerging, splitting their metamorphic chambers: Tiger Swallowtail, Red Admiral, Mourning Cloak. Unfurling. Pumping their life fluids into wrinkled wings. Friable as rice paper. Another box with great eyed moths with antennae like feathered quill pens. Sphinx Moth, Silk Moth and a striking Luna Moth in a delicate green cape with sweeping tails.

"Let's get out of here, Zeke. This place is fucking creepy."

"I couldn't have imagined this."

"Yeah, what was he thinking?"

"He was thinking about bugs. Just bugs."

Butterflies began to take flight. The inaugural lift off, flitting all about them. They seemed confused by the light at first as they reckoned with the renovations to their bodies, but soon lifted above the jars and began to circle. Rising higher and higher like birthday balloons. And beyond the canopy, grasses and wetlands of the free world.

John Trickett hauled a section of a broken pallet to the easterly

approach and sat down to wait for Luke to return. There was a good part of the day left. The sun dipped and the radiance about them dimmed. Someone shut off the light. The glass encampment seemed to lose its magic. A discordant collection of jars stacked like poor brick work. Leaning and propped with tree branches, chinked with moss and clods of mud. Jars with labels clearly visible. Peanut butter and pickles and mayonnaise.

"And City Hall wonders why recycling is down in Cabbagetown," Steven said. "Every fucking jar and cockroach in Toronto is here."

John turned to Steven. Close to a laugh.

"You want me to shut the fuck up, Zeke?" That satirical grin.

"I would appreciate it," John said, "if you just sit quiet." He was getting used to Steven, to the way he talked. His frank manner. Harley Buck with an attitude. Sitting there he looked down at his hands. They were dirty. As were his jeans and jean jacket. He rubbed his chin whiskers and ran his tongue over his teeth and spat. He was hungry. He turned to Steven again. There wasn't much difference between them. He supposed that anyone who came along wouldn't be able to guess which one of them was the rancher. Identification with a way of life or vocation didn't make much sense. There in the Don labels weren't useful. Just men trying to find their way and women too, like the crusading Angela, trying to help those the world forgot. Sinners all, unknown at Toronto's doorstep. And Africa, so far away, how could it ever be imagined, confirmed? As if to accept the genocide, recognize the brutality, look into the face of horror, would turn a man's heart into stone. Steven chiseling away with his fulminations and Luke out there in the woods.

So close now. It did not seem possible that it could be Luke, his brother who he loved, shared the mysteries of Windrush, Luke in the picture that he kept in his pocket. And as John thought of these things, a stampede of images in his head, he glimpsed Nora's fear. He could understand her despair over his decision to leave. His promise to his mother. It all seemed so outrageous now. Harley was right of

course. The good Doctor.

They sat there until their sore asses roused them from the pallet to stand and stretch. John moved towards the woods, down a slight grade, peering. Something that wasn't there before. A shadow standing.

"See something?" Steven said. He stood alongside John, attentive, their breaths drawn and checked.

"There, beside that tree," John whispered. Arm raising slowly to point. No abrupt movement.

"Yeah, I see him. It's the Bug Man. He's just standing there. Call him."

"No. Give him time."

Motionless, they waited. And finally the Bug Man stepped towards them, the sun striking the lower part of his leg. But still a dark apparition, formless. As if only a part of him had stepped into present reality and the rest of him remained in the realm of fables. John did wish to call out to him, but if he did Luke might flee once again. So shy he was, like a rare species on the brink of discovery. Extinction. Then the Bug Man moved forward, one foot then the other, impossibly slow, cautious. A movie, frame by frame.

Then John spoke at last. "Luke," he said, "it's okay. I'm here to help you. I'm here to take you home."

And the Bug Man came closer, painted by the sun from his shoulders to his miserable shoes. Closer still and finally he emerged from his vague existence into a pool of light as if teleported. Beamed down. His eyes welded to John, eyes peering out of his thatch of hair and beard. Manson eyes. So close now that John was certain he was meeting his brother for the first time in twenty five years. Under that ruination and tatters was Luke Trickett. And John's fear and guilt and repulsion, his weakness, the abandonment made real under the queer scrutiny of his brother. There is no help for Luke, his mother said over and over. He could hear her now. 'He is sick, Johnny, and can never be helped. Forget about him. Forget that he ever lived.

He'll never know that he had a family. He'll soon forget when the sickness gets bad. It is better this way, Johnny. Forget Luke. There is no cure for his sickness. It is best for everyone. No long faces now. Luke is gone.'

Those words long buried. He believed them. Had to believe them. And his father would slip away into the barn to the bottle of rye he kept there. Fend off his culpability. It all began to come back as he stood there. Guilty on all counts. And his mother watching her brother Tommy hanging from his neck. Alone in the house. The smell of drying shit. His blue death mask.

And John thought that he might reach out with his hand. Touch him. Hold on to him so that he could never run away. "That's it, Luke," he said, his hand opening. An invitation to recovery. A redeeming hand. But there was no rush of feeling, nor absolution. No unmistakable connection. Nothing remote to the exhilaration of reunion.

Then Luke's eyes shifted away from him. Alarmed. And before John could turn to see what it was that startled him so, an explosion bore out of the silence and concussed the side of his head, the shock waves of close range gunshot. Steven vaulted forward and Luke sprawled on the ground holding his stomach. John spun on his heels, crouching, and there slumped against the jar wall was the monkey-boy with a handgun shivering in his hand like a fish, his face all twisted in a vengeful grimace and sobbing with great dreadful gulps.

And he lowered the gun to Steven who had not moved but lay with his face pushed into the dirt and an arm caught under him and blood showing on his back, spreading darkly. Radially. And John deafened by the blast and stunned by the sudden collapse of Steven and Luke. The blood on Steven's back and Luke emitting painful whimpers like a car-hit dog. Shot they were, real and wounded or dead.

John raised his hand to the monkey-boy. "No!" he pleaded as he

dropped to his knees. But the gun was armed and deadly and the monkey-boy took aim on him now, determined to shoot again. And John glanced to Luke who moved still, disabled by the shot but no blood about his ragged clothes. All was lost it seemed to him, his journey a tragic mistake. So present he was with his fear, he could feel it, a pervading field, a palpable hopelessness. Unable to defend himself or Luke and Steven dying. Waiting for the bullet. The feel of it tearing into his flesh. Splintered bones. Killed there in the humid vaults of the Don River. The eternal echo. And the receding imagery of Saskatchewan, a past life where he had a family, their names and faces fading like old photographs.

The monkey-boy returned to Steven, to shoot him again. As if steadied by murderous recollection. And then Billy Bum emerged breathless from the glass portal and began to scream at his companion at once as if he already knew what he would find. "What have you done?" He stood there with his arms stiff and shaking, panicked by the sight of Steven prone and bloodied and still. Some other fetal construct of a man, obscure, heaped in pain.

And John Trickett, frozen in his crouch lest he be shot himself, saw advantage in Billy's arrival. "He didn't hate you," he said coolly looking right into the monkey-boy's eyes. As if the truth would be reaffirmed there. "He didn't hate you at all. It wasn't about you. Billy, stop him."

And Billy lunged for the monkey-boy's arm and pushed it away and the gun discharged and struck the glass wall and shattered the jars and the wall collapsed. Then another and another and like dominoes the jars came down and all manner of insects dead and alive scattered among the shards. Then Billy pulled the monkey-boy away and they disappeared into the woods.

Stillness fell upon John Trickett, a dark smothering of hopelessness. And still Steven hadn't moved. Dead it seemed. And he scrambled to Luke and tore at his rags to find his wound. Pulled his hands away, the bloodied fingers. He managed to lift the lay-

ers of clothing, a hole through each one and a ragged hole in his belly, black and seeping. He felt his back and no blood showed on his fingers. The bullet that went through Steven was still in him. He removed his jean jacket and ripped his shirt sleeve off and packed it against Luke's wound. "Hold it, Luke. Hold it against your gut." And instinctively Luke did so.

And John turned back to Steven and took hold of his shoulder and lifted his head from the dirt. He held him against his knee and cleaned the dirt from his nose and mouth. Then he held him away from himself to look at his wound, felt the wet blood, the tack of it and lifted his shirt, and there an exit wound like a saucer below his ribs that frothed and sucked. "Oh, no," he said.

And Steven's eyes moved and his lips parted to speak. "That fucking homo, eh, Zeke," he said. Blood showing on his lips.

"Shut up," John said. "Just shut the fuck up."

"Sure." A trailing out-breath, lost.

John covered him with his jean jacket and behind him the springing of click beetles and the last of the jars toppled. A flaw in the fabric of his world.

chapter EIGHTEEN

In the back of the police car John Trickett could see himself running through the woods frantic for help. And those visitors to the Don, strolling the Belt Line Trail, recoiling and turning away, hurrying their children from the wild eyed ravine dweller who emerged from the shadows with bloodied hands and ripped shirt, all animate and wet with the gore of his victims. And how they heard the shots and called the Toronto Police and called again as the shooter seemed crazed and desperate among them.

The police were wary and skeptical and forced him to the ground. He spat out his story like machine gun fire and took them to the scene. His identity was confirmed and he repeated over and over that Luke was his brother and had schizophrenia. He would be allowed to go to the hospital before being escorted to the Toronto Police Station. Further confirmation and a formal statement. More questions. The name of the monkey-boy. Tragic on all accounts.

The police car followed the ambulance to the Toronto General Hospital and John was ushered into the Emergency ward and told to stay in the waiting room. But he didn't care to be idle and soon wandered down the hall and there through a window discovered Steven and Luke lying on gurneys side by side. But there were no doctors attending Steven. His clothes stripped off him and a blue sheet across

his midriff. His wound covered with wads of bloody packing. And doctors and nurses surrounded Luke with scissors cutting away at his clothing, the rotting layers like humus, dark and organic.

A nurse held a garbage bag as the foul veneers were dropped into it and they glanced to one another at the mystery there before them. This man who lived in the shadowed fringes of Toronto. The Bug Man. And they peeled the rags from Luke like an onion. Down to the last layer. A dirty grey hide and beneath, festered sores and boils caked and fused to rancid cotton. They pulled and a piece of flesh ripped away. Then the nurses dampened the cloth and sores with sponges and cut away the remnants leaving a patchwork upon him. And the doctor attended to the bullet wound, poked and prodded. Listened to his heart. An intravenous drip into his arm. And the last of the clothing removed, a skinny, milk-white, pockmarked body was all that remained of Luke. A species of wild-man driven out of the woods, shot to vanquish the fear of such monsters that lurk just out of the field of compassion. Monsters killing monsters. Men killing men.

Luke was moved to the intensive care unit and John sat in the family lounge to search in his mind for the purpose of his coming, what had brought him to that place in time. Deep thoughts for a man who perceived life through dust and squeals of castration and the chaff of harvest. A doctor walked into the lounge with a police officer. Pale green scrubs and a surgical mask around his neck. Like a jockstrap.

"John Trickett," he said.

"Yeah." John stood up and wiped his hands on his jeans to prepare for a handshake. But the doctor knew better.

"Mr. Trickett, your brother is stable," the doctor said. "We're trying to get copies of his records from British Columbia. It will be a challenge now that the institution where he resided is no longer in operation. We'll need to assess him to determine the best course of treatment. He's extremely malnourished and dehydrated. You might

want to wait a day or two before you come back. He has a lot of lesions that are infected. He has scars on his arms from drug use and what appears to be from self-harm. Perhaps suicide attempts. He's very ill. His weight is under 90 pounds."

"Thanks, Doctor. I appreciate all you can do for him."

"It's an astonishing situation, Mr. Trickett. Right here in Toronto. We have all heard stories of the Bug Man. A local legend. Something out of Tolkien."

John nodded. His hands in his pockets. It seemed just then an unseemly story. Suitable for tabloids at supermarket checkouts. Rancher from Saskatchewan captures Big Foot.

"What about the other one?" he said. "Steven."

The doctor's head dropped slightly. The grace of sensitive men. "His wounds were critical," he said. "His life signs were weak. He lost most of his blood volume. He died soon after he was brought in. There was nothing more that we could do for him."

"I can't believe he's dead."

"It's never easy when life ends so young."

"I don't even know his last name. His father is an elder at St. Andrews. That's all I know. Someone should tell him."

"The Toronto Police will look after that, Mr. Trickett," the doctor said. He reached out and touched John's shoulder. Let his hand rest there for several seconds. Consoling. Then he turned and hurried down the long hall and disappeared through the split of double doors.

The police officer stood to one side and John sat back down. Exhausted.

"Just a few minutes, Mr. Trickett," the police officer said.

"I'm ready to go," John said. He leaned forward to stand up but he couldn't. Cupped his face with his great hands. Weary. The smell of dried blood. Then all at once he felt a trembling from within him. It came from deep down, a surge, everything that he had buried there, the unacquainted parts of himself, failures and regrets, wounds never

healed, and guilt, the weighty slug of it, all rising now. And there was not a thing for him to do. No resistence. He didn't care. Bring it on.

And he cried there in that chair and the police officer stepped outside into the hallway. It wasn't fear of losing Luke that tapped the underground river nor was it the dreadful sight of him. The bones of his hips and pelvis like a sun-bleached saddle. His incomprehensible ambition to bring Luke home. He had no feeling towards Luke as he lay there. Nothing. No outpouring of love and compassion. It wasn't Luke at all, but Steven. And how he hated him those first days along the Don River. And now he cried for him. The sadness of an incomplete life. A misunderstood soul betrayed by the world he wished to help. Something inside him that John recognized as good, a quality of wisdom that broke through his personality. Light leaking through blinds shut to the world. A split in his contemptible rind.

John wiped his eyes with the back of his hands. Passed a knuckle under his nose as a photographer stopped at the door. Someone else with him, hidden.

"John Trickett?" he said.

John nodded to the photographer and the camera flashed. The photographer turned away and Alex Grove was left standing there. Sheepish. Back on the story. The dramatic conclusion.

"I thought you were doing travel," John said.

"The story of the Bug Man just got interesting," Alex said.

"Interesting?"

"What would you call it?"

"I don't know. A mistake?" He looked at her. Waiting. "You're not writing this down."

"No, the press conference is over. I think I've got it all."

"You don't think it was a mistake my coming out here, somewhere I don't belong?"

"You came out here to save your brother, to get him out of the ravines. And you did that. All the obstacles along the way. Do you

still have his picture? I would like to use it."

"You want to do a story about Luke?"

"The Bug Man. It's an astonishing story, Mr. Trickett."

"So I hear."

"People will want to hear this. They will want to read about your story, how you came from Saskatchewan to rescue your long lost brother. It's a feel-good story. God knows we need that these days."

"What about Steven? What about his story? He died. He was murdered by some frightened kid. What about his story?"

"It's true, they have stories. But they don't have the appeal of the Bug Man. Tragedy with a happy ending."

"Call him Luke. He's not the fucking Bug Man. I'm sick of that shit. Did you know that Steven was a medical student and went to Rwanda in 1994? An unbelievable slaughter. Hacked and mutilated. People. He went there to help and came back broken. That's the story, Ms. Grove. That's the story to tell. Not the story of my brother I left for dead in an institution. Don't celebrate his rescue like I'm some fucking hero. That's bullshit. I'm no hero."

He sat back and closed his eyes and shook. Emotion rippling through him. Aware that he swore in front of a woman. And the turn of things.

chapter NINETEEN

John sat on the bed looking out the window. Haze over Toronto. It was going to be a hot one. Showered and shaved and nothing on except his underwear.

"Nora, it's me."

"John, what happened? My God!"

"You know?"

"It's on the news and in the paper. *Bug Man Revealed: Saskatchewan rancher John Trickett rescues brother lost in the Don River ravines for 25 years. . . !*"

"Calm down, Nora."

"Calm down? There's nothing to be calm about. If you want to know, Harley came flying up the driveway not twenty minutes ago. Skidding across the lawn. He burst right into the kitchen. Didn't even knock. Do you know how excited Harley needs to be to do that?"

"Yeah, I do."

"And he was shot. And another man killed. Were you there, John?"

"My ears are still ringing from that shot."

"Your picture in the paper. It looks like you were in a fight. What were you thinking?"

"It sounds worse than it was."

"Have you seen the paper? The Mayor wants an investigation. He was horrified that that could happen in Toronto?"

"No, I don't want to leave my room quite yet. I think there's reporters waiting in the lobby. I can see news vans out on the street. Who wrote the article?"

"It says, Alexandra Grove."

"Did she say anything about Steven?"

"Just that a homeless man was killed."

"Nothing about him?"

"Why?"

"I don't know. I just can't stop thinking about him."

"Just you, John."

"A lot of hero crap?"

"Yeah, John Trickett, hero. The simple rancher from Maple Creek."

"You sound like you don't approve."

"It's not that."

"You haven't asked about Luke."

Silence. The twisting of the phone cord. "How is he?"

"He's going to be alright. The bullet didn't hit any major organs. They're going to move him to Regina when the doctors get his medication sorted out. He'll likely be there a month before I can bring him home. Just a day at a time to begin with." Boldly stated. Assertive. He knew that Luke had a long road ahead of him. Doctors wouldn't allow him to leave unless he was able. He felt his wickedness and he reproached himself. Stood up with the telephone and moved to the window. Shaking his head.

Thicker silence. Like a black wall.

"How's my dad?"

"If you don't get back soon we'll be burying him without you." The return volley.

"I'll be home. How's my mother?"

"She didn't know who I was the last time I visited. Mumbling things about her brother Tommy. Swinging. Swinging. I won't go back."

And she didn't know about his Uncle Tommy. "Nora," John said.

"Yes."

"I understand."

"What is it that you understand, John?"

"Well, I don't know. How you feel, I guess."

In the background the kitchen door slammed. Mitch and Del stomping to dust off their boots. John could hear them talking to their mother. "Your father," she said to them. Strangers in a far away land, that was his home. Sons he didn't know. A wife that knew everything.

"I'll call you when I'm leaving," John said. Had to end it as always.

"That's fine."

"Alright." He had the urge to hurl the phone against the wall, but managed to resist it and sat back down on the bed. Collapsed. His head down between his legs like he was about to vomit. Elbows on his knees and his thumbs jammed into his bony eye sockets. Had enough of hotel living. Felt the call of the open road. But the anticipation of Windrush was sullied by his conversation with Nora, the cold silence that was not his silence this time, but hers alone that still opposed Luke's coming home, Luke's presence at Windrush all those years. And what now? The turn of summer was approaching, the sun eclipsing, passing from darkness into light again. The realization of his dream. To make all things right. With or without her. But he was getting ahead of himself. His mind leading the charge. Always defending. He hadn't seen Luke since he was brought in and there was something he needed to do before he went back to the hospital.

He looked up St. Andrews in the phone book and called the number. Said he was John Trickett and needed to speak to Steven's father. The woman in the office said his name was Mr. Sullivan. John made

an appointment to meet with him. He put on a clean denim shirt and jeans and combed his hair. Wiped his boots with a hotel face cloth. Placed his Wheat Pool hat and bloodied clothes in a plastic bag and dumped it in the trash and stood there and looked down at it. Luke's and Steven's blood. The thought of leaving it there unsettled him. Something unclean and improper. Should be burned. So he took the bag and left the room and went down the elevator to the lobby. Settle his bill and face whoever might be waiting for him to appear. Could see no other away around it.

It had been an expensive stay in Toronto. And as the clerk behind the counter ran his credit card through, John Trickett didn't flinch at the total. It didn't seem to matter compared to the cost of a life and the suffering he had seen. But when the bills came in he would hear about it. The mere thought of it made his heart race and set his mind to defend his expenses. Nora hadn't even mentioned the state of his expenditures and yet he carried on the conversation in his mind as if she had done so. He was quick to anger over things that involved Luke. But he was beginning to understand that it didn't mount out of a sense of familial duty, rather a reflection of his frustration and his liability. He had conspired with everyone else to create the Bug Man.

The clerk gave him directions to St. Andrews. Then the shuffle of feet behind him. Ambush. He turned to a troop of faces, strange and eager. Alexandra Grove not among them. Cameras with microphones like readied missiles. Tape recorders raised to capture his words. A salvo of questions.

"Mr. Trickett, how does it feel to have found your brother?"

"Is it true that you lived in the ravines to help you find him?"

"What are your plans now? When will he go home? What is his condition?"

"What do you know about the suspect who shot your brother?"

"What is the status of the Don River people? How many homeless?"

"How does it feel to be a hero?"

All attention directed to him. His answers. What bits of wisdom and insights might trickle from his lips to inspire their stories, articles, clips? The word hero elicited a remote pleasure. A vague but seductive feeling that stood opposed to what he knew was true. They all wanted to hear what Alex Grove championed, his noble journey into the despairing shadow lands of the Don to rescue the hapless victim of an insane world. A light among them. And how easily it would be to weave the path of triumph, how he seized the sword of virtue and hacked through the thorny woods to face the gnashing teeth of darkness. And how he teetered there. A temptation that began to swell. As if his thoughts fed it, gave some truth to it, allowed it to breathe in him. Be him. And then a question awoke him from his dream.

"Why was Steven Sullivan with you?"

"Sullivan?"

"Steven Sullivan, the other shooting victim."

How odd, the sound of Steven's full name seemed to restore his humanity, reconnect him with a history of people. Sullivan's stretching back into the past, a chain now broken. So many questions probing a rancher's mind to its depths. But still John didn't know how to answer. What to say about him. A complexity beyond his acumen. "Please, I need to go," he said.

"What do you know about Steven Sullivan, Mr. Trickett?" They sensed something more.

"I don't know!" John said losing his patience, his opportunity. He left them all standing in the lobby with nothing but the certainty of his pastoral reserve. Punish the bastards with silence.

Another parkade in the heart of Toronto. And there along King Street St. Andrews reflected in a glass high-rise. The CN tower looming above in the background. John Trickett turned and there it was, huddled ancient and salient between the contemporary attributes of the city. He crossed King Street at Simcoe and stood before it, the twin towers and arched entrance. Something of indestructible

granite to outlive them all. A stillness amid the mad rush.

He silently hoped that it was locked, but the great heavy door groaned open and he stepped tentatively into the dark cavern of the church. Some holy place that was strange to him. In the interior chancel a long row of pews. Brilliant stained glass windows. Decorated ceiling above the alter. Pillars. A place of worship. And there in the front row a figure bowed in prayer. He thought he might be intruding so he stood there in the aisle unwilling to move forward. He looked away to see if there might be someone who could assist him. And when he turned back the figure in the pew was standing in the aisle facing him. A thin middle-aged man with an odd perceptive tilt to his head. It startled him and he felt himself jump.

"Angela said that you were a friend of Steven's," the man said. A sad weak voice. His hands clasped behind him.

"Mr. Sullivan?"

"Yes, Mr. Trickett."

"You know who I am."

"You just called, didn't you?" A smile. Heavy eyes.

"Yeah, I'm not thinking too good."

"I've seen your picture in the paper. You were with Steven."

"I'm sorry, sir."

"I feared such a thing, Mr. Trickett. I prayed that it wouldn't come to that. Pleaded with him to leave the ravines."

"I think he was going to leave," John said. "He said so. I came here to tell you that."

Mr. Sullivan nodded ever so slightly. An impression. A grim smile. He brought his hands forward holding a book.

"Come," he said drawing his hand toward him as if he wished to dispense his wisdom. The way of elders.

John Trickett did so. He wondered if he might have to endure a selection of scripture.

Mr. Sullivan opened the book. "Steven was partial to this book. I think it would be proper if you would have it. Pass it on. *Man's Search*

for Meaning. I don't know that he found it. Perhaps it will be helpful to you. I don't know. One has to have faith that meaning lies beneath our anguish. Without meaning, I think we would lose hope."

"Yes, sir. Thank you."

"Do you have a particular faith, Mr. Trickett?"

"I suppose not."

"It doesn't matter." His head dropped. Resigned

"Are you alright, Mr. Sullivan?"

"Oh, I confess that I struggle with the meaning of this. The why? Such promise and future and all the possibilities of life. So young. How can I reconcile this? I pray to God for meaning. Answers. But all I can hear is the desolate silence. His life no longer rings in my ears. The hope that he would leave that place, reclaim himself, rise from the ashes like the Pheonix. I will remain here, Mr. Trickett, until I hear the answer. The meaning of his death."

"I wouldn't have found my brother without him. That's something."

"Yes."

John Trickett accepted the book and ran his hand over the cover. As if some message in braille was inscribed there. "I wonder why my brother Luke had to live the way he did for twenty five years. He was sick and alone. I could have done something long ago. I can't imagine there's meaning for that."

"We search, Mr. Trickett. That is our nature. The story of our lives. Today, or perhaps in the end we will know. When we stand before God."

"I was hoping to find it here in Toronto. Before I leave."

"Toronto is a place in time. To remain here is to remain in the present moment. To listen. It is not a place. Wherever we are, we are here."

"Yeah," John said. The way he did when talk turned deep and thoughtful. Then the stillness around him. Awkward. Figures in stained-glass leaning towards him. Judging. He began to back away,

a sure sign that his business in the church was done. But he stopped himself and caught the flame of red slash across his chest from the glass. "I'm no hero," he confessed.

Mr. Sullivan nodded. A suggestion for further testimony. "What is a hero?" he said.

John Trickett pulled at his chin. "A man to be admired, I imagine," he said.

"You are admired, are you not?"

"The media is making me out to be something I'm not. To sell papers."

"It is a point of view. It doesn't make it real. Do you know what is real, Mr. Trickett?"

"I do, sir."

"Then what can be done?"

"I think they need to hear the truth. Steven deserves that much. He was honest about things and people should know that. Not just that he was killed. I don't know that he would agree to it, but it seems to me the right thing to do."

Mr. Sullivan did not answer. He stood there like a stone likeness of himself. In the dull church light the subtle details of expression were not discernable. Then after a time he clasped his hands behind his back and turned away and returned to his posture in the front row of pews.

chapter TWENTY

In a room in the Intensive Care Unit a nurse in a pink uniform stood vigilant over Luke like a bottle of Pepto-Bismol. John washed his hands at a sink with a sign warning of the transmission of germs through touch. He imagined the germs that Luke hosted down along the Don River bottomland. At home in his clothes and encampment. Bugs of all sizes.

"Your brother is awake, Mr. Trickett," the nurse said. "He is beginning to respond to his medication. But he's been unmedicated for such a long time, we don't know which drug will be most effective. We'll use trial and error. It will be a long way back for him."

"You started anti-psychotics?"

"Yes. So just a few minutes with him and don't expect too much."

"Thanks," John said. The nurse stepped back and allowed him to sit at Luke's bedside.

There he was, Luke Trickett. His hair cut and face shaven, though stubble had already grown back along his jaw line. Silver tinged. He stared up at the ceiling. Monitors around him with graphic displays, digital outputs, blood pressure and blood gas, clear plastic bags on hooks that dripped intravenous and tubes taped to his skin. Temples wired. He wore a thin blue gown that didn't cover his scant shoul-

ders. White bone and bandaged sores. He lay perfectly straight. A tremor in his hand.

John leaned over the bed. "Luke," he said, "it's John. Everything is going to be alright now."

John held Luke's hand that stuck out from under the bed sheets. Fingertips raw from the scrubbing. He studied those blue eyes that looked up like a dull day. Life squeezed out of them, colour leached and lost but responsive to the sound of his voice. Luke turned to him slow and listless. His eyes wandered over John's face, inch by inch as if mapping recollection, feeding the memory traces of his brain to validate what he saw there before him. Then back to the ceiling. Awareness or perhaps base neurological impulses.

Then John's silent voice. It is Luke, but a stranger. He doesn't know me. Then will I walk away like before? What makes me persevere? Is it Nora, to show her, to face her, to stand up to her? Why can't I cry for him?

Then a doctor on his rounds. "Mr. Trickett." Everyone knew him. The story.

"Yes." Shaken out of his self-scrutiny.

"I understand you wish to have your brother brought home."

"Yeah."

"We will do what we can to transport him to Regina. But we will be unable to do that until we determine a course of treatment. He has been on his own a long time."

"Twenty five years in the ravines."

"Now that's something we just don't know. The mentally ill who live on the street tend to move around. In and out of crisis centres. On and off of medication. We have no way of knowing if he can return to a relatively stable life. He will need intensive psychotherapy. Counseling. There is much uncertainty here, Mr. Trickett. You must know this. I'm not trying to alarm you. Your family will be paramount in his treatment. Family support is critical."

John nodded. His failing. What family? "He has family support."

"Very good. That is everything."

"Yeah."

"How long are you in town?"

"I should go soon."

"There's not much for you to do right now. We'll make arrangements when your brother improves enough to be moved. You'll be contacted."

"Alright. I wasn't sure if I should leave."

The doctors fleeting smile as he turned away. A swift recognition of something. Admiration or a glimpse of his faltering.

He sat on a bench outside the hospital on University Avenue and leaned back with his face to the sun and closed his eyes. Weary as he had ever been. He imagined finding a place to live and vanishing from the world. Then he thought he heard a calf bawling. A rancher's equivalent to ringing in the ears. But it was some old busker's horn ensemble. Then he found himself sitting in someone's shade.

"How is he?" Alexandra Grove said. Two cups of Starbuck's coffee in her hand.

"Fine." Brought his hand up to his brow like a salute.

"Something a child would say, John."

"I didn't think you were that interested in Luke. Just the story."

"Yeah, well screw that. That's not why I'm here."

"Sit down," John said sliding over. Took the coffee and thanked her.

"Look, I'm sorry. I feel awful about it. I know it wasn't what you wanted."

"I don't feel like a hero, you know. Maybe for a minute. But it didn't last. Only the truth lasts. Bullshit is usually a short term affair. No substance. Just smell."

"Did you make that up?"

"No, I can't take credit for that either. It comes from a famous Saskatchewan philosopher. Harley Buck. Sage of the short grass. Something like that."

She didn't laugh. "I guess you had to be there."

"Yeah."

"It's old news now. I can't retract it. My editor had me emphasize certain aspects of my piece. But I'm not going to sit here and blame him. It was my story. My name. I thought it was good. Hey, I'm sorry. I wish there was something I could do for you."

"Well, there is."

"What's that?"

"You can go down to St. Andrews and speak to Steven Sullivan's father. He's an elder there. Ask him about Steven. His dreams. Africa. How he set out to help heal the world only to be sucked into a black hole. And how he tried to climb out. Tell that story and we're even. That's what you can do."

She sat there and nodded. Looking into the squint of a rancher's eyes. Considering what it would take. The creative possibilities.

"Alright, I can do that," she said.

"Thanks," John said.

"Are you heading back home?"

"Yeah, as soon as I can get up off this bench. It seems I could sit here forever. A cup of coffee and the heat of the sun. I believe that I'm beginning to forget that I'm a rancher. This city that seems alive. A curious place when you get use to it."

"They found the shooter, you know. He shot himself. He's dead."

"God. That little monkey-boy. It never seems to end."

"I know."

"It looks so ordered out there on the streets. Red light. Green light. One way. Right turn only. Cross here. Cross there."

"What you see here is just the surface. The face of the city. Look in the shadows. The cracks. There's life there too. It might not be pretty. But it's somebody's life."

"Don't you think that's worth writing about?"

"Ugliness is fear. People can only take so much of it."

"Tell the stories. Someone has to account for their lives. A record.

I don't know."

"It's safer in travel writing."

"Harley Buck told me once, the only journey worth traveling is from the head to the heart."

Alexandra Grove smiled then rose from the bench to leave. "Drive carefully, John Trickett," she said.

"I will," John said.

She leaned forward and kissed his cheek. It surprised him but he didn't mind the gesture. It somehow helped close the circle. His time in Toronto had come to an end. He watched her as she walked away, down University Avenue, and after a time she just melted into the city. Touched his cheek and finished his coffee. Thought it tasted just fine. Becoming partial.

chapter TWENTY ONE

John Trickett would never be the same. His mind stretched now could never return to the way it was. That limited model of occupation, the days of Windrush that merged one into the other. The rut of endless routine. He was returning to that life with an emerging sense of reclamation. The hard-boiled work of a seeker that found more than a brother. Suffering and man's search for meaning. And the book on the front seat beside him as he retraced the contours of the Canadian Shield. Toronto still a mystery to him. Behind him now but present. As if he could never leave it. A haunting quality that evoked an endless chain of questions. Scenarios spinning.

He slowed as he passed through English River. Sonny Merlot slouched at the gas pumps and John sounded his horn. Sonny looked up and made no immediate sign of recognition, but as John looked in his side-mirror he saw Sonny's hand slowly come up. Stopped at his waist, then shot up over his head, waving as he ran out to the edge of the highway. It made John feel good. A connection with the inconceivable. A friend in English River.

The highway home was not so strange. John knew what would be around the next corner. No surprises. And the Tim Hortons in Kenora offered its comforts, that hot soothing elixir that made highway driving agreeable. He thought he might see that same girl in

the drive-thru. She wasn't there and he didn't inquire. Likely she was with her grandmother in Swift Current as she said she would be. He drove the sun down for two days and on the third day hit the prairie flat out and never stopped until he came to Prosper. Through the desolate street with the old-timers still gawking at him from the sidewalk as if they had been there all the time. Looking as if he was just an apparition, something from some other world, or perhaps they were apparitions themselves, ghosts of the dirty thirties refusing to quit the prairie.

He pulled over into Patty's Cafe. It was boarded up. A cardboard for sale sign was tacked unenthusiastically to the door. Letters scratched over the word Nashville. He thought of Brock Kendall and wondered how he was making out with his songs. He hoped that he would be successful, his dream come true. Sand piled at the door step. Dried thistle scratching. It seemed that it had been closed for years. Had he been there at all? And the wind moaned and he remembered old Rose slumping to the floor as her daughter lay near death at her feet. Her old mind had forsaken her and Patty's life ended in tragedy. What of her now? He had no inkling to get out of the truck and look around. There was nothing there for him save for the lament of the wind that seemed keen for his attention.

John stopped in Swift Current and there in a nursing home he found his mother sitting by a window in a wheelchair. A row of elderly residents set before the sun like potted geraniums. Her eyes closed and her face raised to the heavens. A queer smile. Crooked. He knelt down and spoke to her. Softly. But her eyes never opened. Told her about Luke, but still she remained frozen. He wondered if she understood. He stayed with her for a time sharing whatever the moments could realize. Something he hoped. The closing circle of life. And as he left her in the flood of the sun he thought he saw the girl from Kenora sitting with her grandmother. He passed her and smiled but she seemed not to recognize him. He stopped to turn back but he felt too sad for conversation and checked himself

and continued on his way.

He crossed the reception area on his way out the door and noticed on a table a copy of a newspaper, sections fanned like cards. And there it was, the life of Steven Sullivan. He sat on a sofa set there for visitors and residents and read Alex Grove's article. Read it over and over until he was filled with Steven's life and thought himself privileged somehow. A proper story of a short life that he knew would be of comfort to Mr. Sullivan. He silently thanked Alexandra Grove and put the paper down and sat there in his sadness and endings. There all around him. Sat there depleted until his energy returned.

Out across the southern plains he drove, through the Great Sand Hills and at last Maple Creek, a town in slow motion. Idling. No one in a particular hurry. John drove through it in less than a minute. A few cowboys turned to him as he passed. Waved with a flick of their fingers as if in response to an auctioneer's bidding. And then he could see the bump of the Cypress Hills in the distance and there before him, Windrush. He stopped along the highway and gawped at the lemon-yellow fields hurling against the blue arc of the sky. Those cabbage whites. Such sights he had seen before. But now his mind was empty of thoughts as he admired the rich textures of colour. A momentary gap in the mind-stream when thinking ceases and there remains something pure and undefinable. Beyond interpretation. But thoughts soon came rushing in as he pulled off the highway and turned up the long drive and stopped near the barn. Harley's dog Nug loafing in the shade. Nora out on the porch and Del and Mitch nowhere to be seen.

He eased out of the truck, his back stiff and sore and his stomach that had been cramping most of that day was causing some discomfort. Facing Nora was like that first glimpse of Toronto. They both had shadowed worlds better left to casual re-acquaintance lest one had the forbearance to withstand the plunge. He stretched his legs and placed his hand in the small of his back and arched and shrugged and rotated his head and flexed his knees. He noticed at once that

Windrush had a different feel about it. Something fresh. Familiar but strangely altered. As if it had been rearranged. The barns newly painted. The sky brightly blue. The contrast salient and undiluted. And as he stepped up to the porch something hadn't changed. The hot dry air and discord.

"John," Nora said. A tentative smile. "You decided to come home."

She stood with her arms folded, waiting for John to come to her. Fling his contrition upon her. The return of the foolhardy. But he just looked down at his feet. Couldn't look at her disapproval. Her indictment.

"Never said I wasn't." he said. Nug sauntered up onto the porch and leaned against his leg. Dogs were without such grievances. Greet a man happily under any circumstance.

Nora touched his arm as he passed through the front door.

"Where's Del and Mitch?" John said.

"Walter's gone, John," Nora said from the porch. She followed him into the house.

"What?" He met her in the hallway.

"Last night, in his sleep. I had no way of contacting you. If you had called…"

John shook his head. "Where are the boys?"

"They left."

"Left?"

"They had an opportunity to move into their dorm early and they took it. There was nothing holding them here."

"But, the ranch."

"They just followed your example, John. I made arrangements with Charlie Triphammer's boy to take off the canola."

"What about Harley? Why is his dog here?"

"We had words. I don't think you'll see Harley come back."

"I told him to keep things simple. That old fool. What happened?"

"Well, I told him to fuck off and he did."

"What did he do to deserve that, Nora?"

"You know, John, he was looking at me all concerned that day he came storming in here. He could see how upset I was over what happened in Toronto. He was about to say something. Like he knew it all. His point of view. I gave him a look, John, but he went ahead anyway. He said, 'Nora, don't take this personal, but sometimes a woman thinks she knows what's best for a man. Tries to tell him how to live his life. A man needs his space to think on things. A man carries a great load and no man more than John.'

"And I looked at him straight faced, his head bobbing fatherly like and his eyes a twinkle, and said, 'fuck off, Harley.' He left his silly old pride and his lazy dog."

John raked his hair with his fingers. A great gust of air. He rubbed his eyes as if that might clear his view of the matter, but it didn't change a thing and he staggered into the living room and collapsed onto the couch. "Fuck me," he said. "Fuck. Fuck. Fuck!"

Things were looking poorly in the Trickett house. His new perspective sullied. He felt no warm reunion with his wife. In fact he couldn't reconcile how he could love Nora in the long grass and despise her on the porch. She seemed to possess the quality of several different women. A woman to fit his every need. Except the one he needed the most, a wife to support Luke's homecoming.

Nora sat down beside him. Watching him. Her mouth open. Stunned it seemed by his use of language. "Where do we go from here, John?" she said.

John's head slumped forward. His chin on his chest. "Better go see my dad. I can't deal with anything else right now."

"Yeah," Nora said.

They drove to the hospital in Maple Creek and not a word between them. Throats clogged with their differences. John knew Nora blamed him for Del and Mitch's early departure from Windrush. He couldn't fault them for leaving. The way he left things. Besides there

was a whole other world out there. He knew that much now. And Nora hadn't asked about Luke and the question hung like something malevolent between them, a thing wounded and in need of succor. John couldn't leave it unsaid for long as he had come to understand that wounds left alone would fester until the pain was unbearable. But still he was paralyzed by his conditioning, his role, what he had to lose. The complexities of his marriage that had surfaced. Pushed and pulled by his atonement.

A nurse lead them down a flight of stairs. Then down a long hallway lit with a bare light bulb to a door that read Morgue. It was a cold and desolate place. She told them to wait outside but the door was ajar and John watched her open a curtain and pull out a stainless steel drawer. His father on a chrome platter wheeled out for closure. Words he could not hear. Then she let them in and left them alone. A plastic smile. In the room it was colder still and John moved to his father's side. Nora followed him and peered over his shoulder. She looked down at Walter Trickett and gasped then backed away. She wasn't prepared for his appearance. She hurried out of the room with her hands to her mouth.

It didn't seem like John's father at all. All likeness gone. His mouth jacked open in a muted bawl and a thin sheet draped over him. Hard ridges of bone and a smell of death. John had no sense of his father in that old yellow hide. The utter stillness of his dead body. He touched his cheek and it was cadaverously chilled. He could only look up to the ceiling, to a divine hand that might be there, but there was nothing but water stains and the faith that raised his head to that inviolable space.

"I found Luke and he's coming home, Dad," he began. "Not right away. But soon. I'm sorry I left when I did, but I just had to find him. It seemed I had no choice in the matter. I don't think you'll blame me for it. You know how much Mom suffered. I promised her. He's coming home to Windrush, Dad. The two of us like we planned."

His voice was cracking badly and he could no longer speak. He

turned away and Nora standing outside the door with her eyes closed and tears streaming down onto her blouse. John placed his hand on her shoulder to console her, but she shook her head and made a feral scream and ran down the hallway.

chapter
TWENTY TWO

Walter Trickett left instructions. What photograph to display in his honour. A floral arrangement of tiger lilies, red and white carnations and hyacinth. No organ music and no tears. Cremation and no church service. Instead he asked that a memorial be held at Windrush and Harley Buck read the eulogy. The former was doable but the latter was a great assumption. Still the obituary was posted in the Maple Creek newspaper and that Saturday in the middle of August arrived dusty and hot and hell on ranchers. In the ranch house kitchen Nora and Gerty Buck made tea and sandwiches cut in quarters, butter tarts and date bars while Harley stood outside his truck in the driveway having fits. Flakes of dead skin freckled the shoulders on his dark suit jacket. John shaking his head sympathetically.

"It's a cruel thing to do to a friend, John." Tucked a chaw behind his lip like the Godfather.

"I guess my dad thought it might be an honour. You two go a longs ways back, Harley."

"She told me to fuck off, John. Excuse my language, but did you know that? Don't care to tattle on anyone, especially your wife. But how in God's name do you think I can stand up before her and speak about Walter? No one ever spoke to me like that before, John. It's a troublesome thing for a man."

"You'll be speaking to everyone, Harley."

"Don't you believe it. She'll be all over me if I slip up. She troubles me, John. I mean no disrespect. But she troubles me. The one person on earth."

"I know, Harley." John stroked his chin to assuage his bewilderment. Harley Buck whipped by blond accountant.

"Damn, John, I don't mean to sound ungrateful."

"I know. If it makes it easier don't look at her. Look at the wall or something."

"I'd prefer to get drunk."

"I don't think you have time, Harley. And I wouldn't have recommended it if you had mentioned it earlier. You wouldn't want to be further disadvantaged."

"No, I suppose not, but I wouldn't remember anything which would likely be a good thing."

"I thought of that myself on occasion."

"Hell, John, Tricketts aren't drinkers. Walter liked his whiskey now and then. I know that much. But mostly you all like to be sober when you suffer."

"What does that mean?"

"Nothing. Just my nerves. Nothing at all."

As they stood there, mourners came by in ones and twos and offered John their condolences. Cupped his hands. Dressed in their best suits. Dresses meant for church. Floral prints from the Sears summer catalogue.

"Well, did you write something, Harley?"

"Yeah, I scribbled down a few things. Speaking about someone's life in just a few minutes is not an easy thing to do."

"He'll appreciate it, Harley. And I appreciate it. And my family."

"I haven't seen your boys, John." Looked around. Down the row of cars and trucks lining the driveway. He had to squint against the glare of the sun on the windshields. Heat waves pooling on the gravel. A column of poplars still as death and swallows idle on the

telephone wires. Clouds on the eastern and western horizons like book ends. Harley reading the landscape like scripture.

"It seems they won't be able to attend." Nothing more. He hadn't seen them for awhile. He knew they were going to leave. Strike out on their own. But he suddenly felt empty, lost. He needed to see them. Something that needed to be said.

"I'm sorry." Leaned over and spat to avoid spoiling his suit.

"Yeah. University, you know. It'll keep them busy. But Albert Triphammer will help us out with the harvest. A hell of a good worker that Albert."

Harley nodded. A perplexed screwing of his eyes. Then he swung around to Nug loping up to him. Moaning something pitiful. Dancing around him, rubbing up on his leg like a cat. Tried to jump up but his front paws wouldn't leave the ground. Old age and gravity.

"Thought I abandoned you, did you, old dog?" he said. "I knew where you were." He reached down and scratched under his ears. Old Nug rolled his eyes. Orgasmic. "You know, John, you'll have to tell me all about Toronto. I still can't get my mind around what happened."

"I think about it a lot, Harley. It seems like someone else's story. Not mine."

"Yeah, well you've been through enough to last a while, friend. Didn't happen to see Johnny Bower, did you?"

Then Nora on the porch. "It's time, John."

"Better lose that plug, Harley. I don't want to see you choke on it."

In the house a crowd in the kitchen that spilled out into the dining room and living room. The pervasive fragrance of hyacinth. Old pictures out for reflection and recollection. That favorite photograph of Walter Trickett with a coyote slung over a wire fence that made the women grieve for the coyote. Sandwiches on napkins held waist high. The raising of tea cups and muted conversation. Rare chuckles.

Restrained. And John making his way through the mourners, shaking hands, kissing perfumed cheeks dusted with rouge. "He was a good man," from their lips. Not a word about the gossip. A marriage in trouble and picking sides.

John clinked his tea cup as it was time to introduce Harley. Thanked everyone for coming and looked around the living room but couldn't find him. He began to worry that he bolted, succumbed to the pressure. Then he called out for him and all heads turned and after a momentary delay Harley made his appearance. Paced in the hallway. He made his way through the crowd and stood beside John. All red about his cheeks. Flushed and sweat beads clustered above his upper lip. His scalp raw from feverish raking. Pink through the snowy bristles. There were chairs along the wall and the mourners sat down and those without chairs stood to listen. He cleared his throat and took a drink of water from a glass John set out for him.

Nora and Gerty came out from the kitchen. Nora stood against the wall opposite to him. In his direct line of vision. Arms crossed. Intimidating. Her eyes heavy with acrimony. She was dressed smartly in a navy blue suit. Humbled every woman in the house. Gerty went to Harley and swatted the flakes from his shoulders. He didn't seem to notice.

He removed a sheet of paper and his reading glasses from his suit pocket and began his eulogy by recalling life on the prairie when he and Walter Trickett were young men. Stories of the great depression. Dust and grasshoppers and neighbours who had to count on one another. The war and friends they lost. A cowboy's hard life and now the uncertain future. A way of life in doubt. Things to be grateful for. He stammered and took his water and glanced up now and then but did not look towards Nora. Pulled his collar away from his neck with his thick index finger. A stream of perspiration down his temples. Then he put away his sheet of paper and stood silently for a moment. His head down. He seemed to be stuck. Then he took out

a handkerchief and wiped his face and forehead. Ran it over his suffering scalp.

"You alright?" John whispered leaning towards him.

"Yeah."

"Are you done?"

"Not quite," he said. He raised his head, removed his glasses and looked right at Nora Trickett. His eyes now certain and unwavering as cross-hairs. "I just want to finish," he continued, "by saying Walter Trickett raised two boys. Johnny and Luke. John here, you all know. And Luke, well you all heard the news. John found him. He's in the hospital in Regina. He's very sick, but under that sickness there's a real person. We can't forget that. His illness is not his fault. And he's coming home to Windrush. Yes, and there's no better day to tell you this. It is the highest regard I can give to Walter Trickett. I would ask that you all bow your heads for a moment and pray for Luke. Pray for his recovery. Soon John and Luke and Windrush will be back together. Luke's rightful place in the world. Their dream. The way it was meant to be. A miracle I would say." He nodded to reaffirm his assertion. "Thank you," he concluded.

He dropped his eyes from Nora who glared back menacing. Outraged. Betrayed in her own house. He knew what he had done. The evangelical resonance. He left her there with the sympathizers, tearful and inspired, turned Maple Creek against her and hastened for the back door.

It was some stunt. Harley Buck's moment of retribution. It didn't matter to John whether Harley was right or wrong, he knew he had to move fast to catch up to him as Nora was already out the door with murder on her mind. But she caught him before he could get to his truck. Called him like a gunslinger.

"Harley Buck, you bastard!" she shrilled. "You chickenshit bastard!"

Harley turned to her and threw his hands up in surrender. "I just want to leave," he said. "I'm not going to fight with you, Nora. I'm done."

John stepped up between them. "I think you two better have a time out," he said. The mourners came out onto the porch. Mouths open before a spectacle. Like cattle considering things unknown to them.

"I'm not done here," Nora said leaning forward into Harley's face. Her hands raised at her sides as if she was about to draw on him. A pistol on each hip.

"Alright," John said, "then you better deal with whatever's going on between you once and for all. Right here." He stepped back like a referee at a main event.

Nora went right at him. A rapid pummeling. "How dare you fling that in my face. In my own home. You're a fucking coward, Harley. A used-up old coward!"

"No, I'm no coward, Nora. I may be afraid of you. A fact that distresses me some. But I'm not a coward."

"You think you know what's best for John."

"I know that you blame him for Del and Mitch leaving."

"What would you know about that? You never had children. You haven't earned the right to talk about my children, asshole!"

"It is true. Gerty and I weren't blessed with children. I suppose that's why I can see things you can't. Windrush is sick. Something that's never been dealt with."

"What the hell do you mean, Harley?"

"I'm talking about Luke, damn it. You denied his existence for years. You helped John get through some tough times and we're all grateful for it. For a while there I thought we were going lose them both. You helped him get over Luke. But he didn't die, Nora. It's my opinion that Del and Mitch had no choice in the matter. They could no longer sit by and watch what it was doing to their family. A painful thing to witness."

"You silly old man. You have no idea what you're talking about. You've never had sons. That chilling fear that they'd turn sick. Like him. Everyday I live it, Harley."

"Fear doesn't change a thing, Nora," Harley said. In the eye of the storm he found a still point. A place where fear could no longer touch him. He was calm and soft spoken, aligned with his prairie wisdom. "Our minds don't know any better. Fear is our resistence to what's in front of us. We have no control what will happen, but we sure as hell can control how we respond to it. We can either kick and scream or accept it. John's Uncle Tommy had the sickness and hung himself as a young man. But they never had proper treatments back then. There's help now days. You can't just beat it with a stick and hope it won't happen. I'm a bit surprised a liberated woman such as you wouldn't know that."

Nora's face went ashen. The fight seeped out of her. "Tommy?" she said. "Did you know about that, John?" A quarter turn with her eyes slanting downward. Couldn't look at him.

"Yeah, I knew about it." Head down.

The mourners began to shuffle past them to their cars and trucks. Pats on their shoulders. Eyes averted. The women of Maple Creek didn't know what to make of Nora Trickett. Thought it might be her liberal west coast upbringing. Soon there was just the three of them. Gerty on the porch cleaning up. She never heard a thing.

"That's about all I can handle for one day," Harley said. He opened the door to his truck and Nug sauntered out of the shade and he lifted him up onto the seat and slid in behind him. Sounded the horn for Gerty. Through the open window. "It seems to me, John, that you should've had that conversation with your wife. Not this silly old cowboy. And would you mind going over and getting that old woman."

The next day the blanched prairie simmered beneath a mule sun and John and Nora backed into their corners. Stayed away from each other until dinner. The safe limits of estrangement where nothing was gained except temporary relief and the distance between them drifting like pack ice. The awkwardness of strangers at the dinner table. Words caught in their throats, unwilling to venture out into

the world. Agoraphobic. The tension between them ran thick as winter oil.

Then Nora's eyes squeezed to desperation. She poured a glass of wine and set the half-empty bottle on the table and leaned forward on her elbows. A capricious grin. "Since you've forgotten how to speak, John Trickett," she said, "I'll tell you something."

John looked up from his dinner. Had to look at her now. Waited for it and felt the pull of muscles that cradled his abdomen. Wondered where his new found confidence went to. Hoped it was something about the weather. The impact of weevils. The expansion of seed oil or another load of cattle to the Cowtown Livestock Exchange.

"I've been thinking about Harley," she said, "standing there spinning that Will Rogers crap of his. Did you hear him, John?"

"I had to pry you two apart," John said on the cusp of levity to appease himself. "I didn't know he was going to say all that. But most times Harley is right about things."

"Then you believe what he told you was right?"

"What are you getting at, Nora?" John said flippantly. He knew she was just beginning. In fact he sensed that he wouldn't be able to stop her once she started on him. He was thinking that he preferred the silence to one of her tirades. His silence perturbed her more than anything. It was a form of resistence, recreant violence, behaviour contrary to his predictability that he exorcized in the ravines of Toronto.

"I know you think I'm a bitch, John. I just know it."

"Come on, Nora. That's not true." Shakes his head but was beginning to think it.

"Damn it, John,"

"Don't, Nora."

"You resent me because I don't want Luke to come back to Windrush. It sounds cold, doesn't it? Yes, I'm a bloody bitch. I'll say it right here. And look at you. Shut up like a fucking clam. Why won't you talk to me? You never heard a word Harley said. Not a

fucking word, John Trickett!"

John stared down at his mashed potatoes. Picked with his fork. How could he respond to that? Talking like Steven Sullivan. He could only feel the hard jolt of it.

"Say something!"

"You've been drinking."

"Tell me what part of what I just said isn't true."

John pushed himself away from the table. Struggled to stay. Fought to face her, to stand up to the fire within her that sizzled like bacon. Like Harley. But he couldn't defend himself, rebuke the telling slices. He left her there with the memory of his limitations.

chapter TWENTY THREE

Summer waned. A lonely affair. The air still and breathless and the smell of agronomic disaster. The pall of drought cast upon the land like a plague that made life a suffering feast to pessimists and all out strain to optimists. The canola flowers shed their yellow blossoms and the green pods formed and soon browned enough for harvest. Albert Triphammer worked the cool evenings on the swather until all the plants were cut and laid upon the stubble. Albert was a farm boy who had no further ambitions in life than to sit atop a John Deere. The great green machine. And ten days later Albert picked up the swath with the combine and the seed was separated and trucked to an elevator in town.

John took advantage of Albert's assistance at Windrush and visited Luke. Day trips at first, just to sit with him in his room. Luke wasn't ready to visit his mother, that promise fulfilled, the happy ending that was more a dream than a possibility. John read all he could find on Luke's illness. Stuffed a Schizophrenia Society of Saskatchewan booklet in his back pocket like a pair of gloves. Talked to him without a response and never stopped because of it. He developed a relationship with the nurses, called them by name and expressed his gratitude. He wanted the best of care for Luke and they appreciated his dedication. Said they read about him in

the paper. Then Luke was well enough to leave the hospital to walk the grounds for short periods. Slack-boned and nervous and unable to answer John's questions about his day. Simple things that could only elicit an occasional troubled glance. And rides in John's truck to Pilot Butte and Balgonie and one day to Indian Head. Luke with his face pressed against the window with the prairie speeding by. Ducks in ponds that would rise and settle in great autumn flocks. And John watched him there on the Trans-Canada highway, observed his movements, expressions, responses. Imagined the Luke he used to know and wondered how he could possibly be the same person. What was the meaning beneath his unremembered life? Thought of the book on his night stand.

And on the day before Luke was discharged from the hospital, John attended a family support group meeting and the facilitator gave him a discharge planning checklist: medicine information and dosage instructions, living arrangements with a group home in Regina, community care referrals, dentists and eye care, precautions on suicide, smoking and behaviour variables and expectations; the need to speak slow and use a low tone, avoid confusion, explain, the need for structure, offer praise, avoid over stimulation and criticism, mastery of self-care, don't be too inquisitive, how to overcome difficult communication and enjoy his company in other ways; televison, music, memories of childhood, reading, be forgetful for his benefit to encourage participation and responsibility. Be a friend, help him belong.

And when Thanksgiving arrived, John Trickett knew that the time had come. Del and Mitch were returning for the holiday. He invited Harley and Gerty to dinner and was surprised and pleased that Harley accepted and Nora never said a word of objection. And then he finally dropped that other shoe. He was bringing Luke home for the first time in twenty five years. A week to reunite with Windrush. Nephews he never knew. And Nora.

He left early to pick up Luke from the group home. Clear and

cold. Frosted brush along the fence lines and the glitter of field stubble coppering down the long lanes of the sun. The proclamation of high-up geese and shifting clouds of blackbirds and swallows leaving, hurrying southward. He gave them just passing notice. He was worried about how he felt about Luke. Not his memories, but his detached feelings that hadn't changed since that first glimpse of him in the shadows of the Don River Valley. It distressed him and he didn't know why. He wanted to tell Nora about it, but he couldn't. Stuck like a mired bull. Grieving for his parents and his marriage, a sadness filling his hallow inner-world that deepened the day Steven Sullivan was murdered and hadn't let up. The cast of characters in his journey that seemed held together by some common theme. Something about them. Something within him unrecognized.

And there he was in Swift Current bringing Luke home as he promised, to his mother slipping from the world into a world impenetrable and bleak. John tried to tell Luke about her, that she was waiting for him. So happy she was to have found him at last. A son taken from her. But he showed no measure of a response, nothing but that restless confusion. News of their father drew no reaction as well. Perhaps he had abandoned them, scuttled his memories in order to survive.

And as he pulled into the care facility he drew a long breath. What will he do? What will she do? A reunion so poignant and astounding that the mere thought of it made him feel hopeful, too hopeful perhaps, that indeed all that he had been through was worth the tenderest of moments. He took Luke by the arm and met an attendant who guided them to her room. She was in her room sitting in a chair staring at a small screen television. It was turned off.

"Mom, I have someone here to see you," John said. A prayer to himself.

He helped Luke to her bed and he sat beside her, their knees touching, so close they were now. So distant. This is it, John thought, the subtle touching of mother and son. No words or recognition, eyes

wandering, fixated, empty. Detached. There was nothing to do, to force, to concoct or insist. It was just that. He allowed them to sit in their in silence, in their world. Perhaps it was there where all reckoning was at work, souls engaged in reconciliation, beyond the suffering acquaintance of flesh. The moment remained as long as it could. And Windrush called from this world and John kissed his mother on the cheek and gathered Luke and left.

The welcoming committee out on the front porch. Harley and Gerty with their arms wide open. Big grins. Del and Mitch withdrawn, shy, hands in their pockets and Nora behind the screen door like a phantom. As if she was already half gone. They would have seen the truck pull off the highway and come up the long drive. Poplar leaves kicking up behind. Scattering then settling. And they would have seen the two figures, John behind the wheel wearing that high-crowned hat and the other figure slouched against the window.

John got out of the truck and glanced up to the porch and nodded. Affirmed the reception. He went over to Luke's side of the truck and opened the door. "We're home, Luke," he said. "Windrush." He spoke gently and the sound of it surreal like the words in his many dreams.

Luke stared blankly at him. Then over to the barns and up at the sky. His eyes brightened, capturing the blue dome of the world. They moved slowly, steadily. Evaluating. But he didn't move. Held to the seat by his seatbelt.

"Do you need a hand there , John?" Harley called out.

John stepped back and pushed the brim of his hat up with his thumb. "I think we're okay, Harley," he said.

"Harley Buck," Luke said softly.

It startled John. Surprised him. Delighted him. "That's right, Luke. Harley Buck. Lives right across the highway." Pointed and Luke looked over his shoulder. Unbuckled his seatbelt.

Luke swung his legs around and stepped onto the firm ground of Windrush. Stepping on glass, tentative. He was slight, thinner

than he ever was. It seemed to John that the group home dressed him like an old man on a summer outing. Light coloured slacks and white shirt. Beige golf-jacket. Walking shoes with velcro fasteners. Looking for the front nine. His black hair was cut short, sheared at the temples where it bristled silver. A slight stoop and his hands at his sides like accessories. Indifferent to the cold.

John removed his belongings. A change of clothes in a plastic bag. A carton of cigarettes. "Come on, Luke," he said taking him by the arm, "you're about to meet your family." Luke shuffled behind him and stopped at the bottom of the stairs that led to the porch. Looked past everyone watching him, his eyes surveying the white house that had not changed at all. Not even the old wooden chairs and the scuffed paint from the drag of tired feet or the screen door that snapped shut to keep out the summer flies. He was remembering. So it seemed to John and the others who did not speak, but stood motionless, silent as if in anxious anticipation of an infant's first step. Witness to a miracle manifesting there before them. The healing moment. Eyes misted and faces bright and awed. Bursting. Their holding breaths. Waiting for the sweet words of intellect and reason to sing from his lips. The song of restoration.

John stood there on the porch and waited for that moment that seemed plausible and imminent, a rudimentary expectation. But Luke was unable to move or speak, immobilized it seemed, by the reckoning of things lost to him. And all at once a certain doubt pervaded the confines of the porch like an audience caught in the silent terror of an actor who has forgotten his lines. John quickly seized the scene and stepped down to Luke and took him by the arm and turned to his family with a reassuring smile.

"It's freezing out here," he said, "let's go inside."

Luke crept into the house languid and cautious and needed to be guided into the living room. Sat down on a corner recliner. The others sat too, but John remained standing and reintroduced Luke to the Bucks who he still remembered. He stared at them which seemed a

recognition of sorts. Enough for Gerty to remind him how cute he was as a little boy.

"Those blue eyes," she said, "like delphinium. As blue as can be. The most beautiful eyes that I had ever seen."

"Hogwash," Harley said, throwing his hands up. "I thought I had the most beautiful eyes you'd ever seen. Like Paul Newman, you told me." Laughed and snorted and slapped his knee.

"You're so full of yourself, Harley Buck," Gerty said. Blushed and turned away.

Luke watched them both. His eyes from one to the other. Watched Harley's arm swing up and down. The slap. And John always watching him.

"And this is my oldest son, Del," John said. Placed his hand on his shoulder.

Del stepped up to Luke and offered his hand. "Uncle Luke," he said. An affable grin.

Luke's hand came up slow and heavy and Del took it in his and shook it, but Luke's hand never closed and folded and Del let it go and stepped back, disconcerted. Wiped his hand discreetly on the side of his leg. Some involuntary aversion.

"And my youngest Mitch," John said.

Mitch did the same thing as his brother but this time Luke's hand never came up. Something startled him.

"What are you doing here?" Luke said slowly. A subtle rocking.

Mitch didn't know quite what to do and turned to his father and shrugged.

"Luke, that's Mitch, your nephew. You've never met him before. He's here for Thanksgiving dinner and to meet you." Knelt down to him. "I know this a lot for you. But just relax. Alright, Luke? Everything is okay now."

Luke nodded. A side glance to Mitch. To the others.

And John turned to Nora standing in the hallway. That troubled look of her's. What Luke said to Mitch, he knew. "Nora," he said,

"you remember Luke."

Of course she did. Fool thing to say. He had defied her but she remained, never threatening to leave him if he brought Luke home. Now he was home and she was preparing dinner for him. Soon to sit down and give thanks. But that remark to Mitch was buzzing around the inside of her head like a hornet and John could hear the muted drone of it in his own head.

Nora came out wearing her apron and stood at the entrance to the living room. Fiddling with the apron strings. The threshold she didn't wish to cross. "Yes," she said. A smile that pained her.

"Luke, my wife Nora," John said. "Do you remember?"

Luke's head tilted to look past him. Cocked like a parrot. "Nora," he said plainly. An inflection pleased and ardent. How good to see you.

That seemed to still the rattle and hum and Nora returned to the kitchen and Gerty followed her and conversation started among the men, talk of hockey and football, talk that skirted the plight of the prairie economy and did not let up until Nora called them to dinner. The rising and passing of words and all was quiet save for the tic of the clock on the mantle and the sound of Luke in the corner rocking. And eyes that measured the pendulum's swing.

chapter TWENTY FOUR

John took Luke upstairs to a spare room and helped him put away his things. A plain room with a bed and night table and a chest of drawers, a curtained window that looked out over the eastern rangeland. Kept the room simple and uncluttered. Single painting on one wall, a watercolour of a wildflower. Purple aster with a skipper butterfly balanced on a petal. Luke sat on the bed and admired the painting as John pointed to the bathroom so he could wash up before dinner. Asked him if he could come down the stairs on his own and he nodded that he could. Gave Luke that responsibility.

The great Trickett table was set and everyone seated save for Luke who hadn't made his appearance, the turkey carved and trimmed and side dishes steaming and mouths slavering. Brussel sprouts and yams, turnips and apple. Mashed potatoes and breaded stuffing with bacon and peppered with aromatic sage. Pickles and sliced beets and olives. Hot rolls and chilled cranberries. Pumpkin pies on the side table. Saskatoon berry tarts golden crusted. They were all eager to indulge in the offerings that Nora prepared, the likes of which John had never seen at Windrush, not even from his own mother. A special occasion it was, and the fact of the matter, the care and attention that Nora put into it, so impressed John that for a moment he thought himself guilty of some unmistakable crime against her and

had a notion to ask for her forgiveness.

But the motive behind such effort was not so clear to John. Some settlement with Harley? A celebration for Del and Mitch, her boys home again? An offering to Luke, his memory, his return, acceptance at long last? He watched her as Luke came down the stairs and into the dining room and took his seat beside him, his eyes finding her each time she looked away. She was not overjoyed it seemed to him. Something unreal about her civility. Some pretense there. But still a family together and Luke among them.

John poured a half measure of wine into Luke's glass and made a toast to Windrush and everyone raised their glasses and murmured some sentiment and Harley said, "here, here," and Nora smiled thinly and all seemed well enough. There was something about good food, the bounty of heaping platters and wine to unhinge rusty tongues when all could be forgotten and forgiven, as if grace arose from the comfort of friends and family to appease the miseries of formidable days.

Harley was curious about the boys. "So tell me, Del," he said, "what are you and Mitch up to at the University of Alberta?"

"Do you mean school or girls, Mr. Buck?" Del answered cheekily.

"What the hell do I know about school?" Harley chortled.

A chorus of laughter erupted and all was gay and warm and Luke more puzzled than giddy, his head down shyly. And Nora too, saw the humour in Harley's wit and forgot herself for an instant, but swiftly raised her fingers to her lips as if to censure the pleasure of laughter.

"Seriously," Harley said duly pleased. Put down his fork to paw. "What is it you boys are studying up there in Edmonton?"

"They call it the School of Mining and Petroleum Engineering," Del said.

"I know that much, Del," Harley said, "but what they heck are you learning?"

Del winked at Mitch. “Balanced drilling,” he said.

“Thermal recovery,” Mitch said.

“Heavy oil and cold sand production technology.” Del’s turn. Both all grins.

“Fluid flow through porous media.”

“Steam assisted gravity drainage and its variations.”

“Interface coupling phenomena.” Back and forth like a swede saw.

Harley’s hand came up. “Alright you smart-asses, I hope you come up with something other than oil up there. Piston engines and that little buggy on Mars. What the hell is that all about?”

“We’ll have oil for a while yet, Mr. Buck,” Mitch said. “The world economy depends on it.”

“There must be something else.”

“Syngas and ethanol,” Mitch said.

“There’s hydrogen,” Del added. “Non-carbon fuel, green-house gas neutral.”

“Cow shit if you can find enough cattle left out here on the prairie,” Mitch concluded.

“You won’t have to look farther than this here table,” Harley cackled.

Nora looked on at her two sons and beamed proudly. A match for Harley. Took great delight in the revelry in her house. A mother’s dream. But John was distracted by Luke. Watched the movement of his shoulder. His slouch and his glare at Mitch. Then Luke turned to Del, leaned forward in his chair and spoke under his breath. Teeth clenched and the muscles in his neck like flying buttresses. Then louder and all mirth vanished, whisked away by an unsettling wind.

“Get him away from my house, Billy,” he said.

That look of sheer quandary around the table. A sentence without relevance and meaning so it seemed. But John feared what it might be. Echoes of the haunting Don River.

“Luke, what is it?” he said.

Luke lowered his head as if too heavy to bear under the silent scrutiny of averting eyes and lifted his shirt and exposed the bullet wound on his belly. A star incision, pink welded. Like a crucifix branded into his flesh. "You did that," he said to Mitch angrily.

Things were falling apart and John pushed away from the table and took Luke by the arm. "Come, Luke," he said, "I'll take you up to your room so you can rest." He tried to smile, force some reason upon the scene.

"Who is Billy?" Mitch said noticeably upset. Turned to his mother and shrugged.

John led Luke out of the dining room."You reminded him of someone, Mitch," he said over his shoulder. "Not to worry. He's just tired, that's all."

Dinner continued without John or Luke. A polite affair that could not sustain any measure of revelry. A sobering pall. And dessert was served and tea poured and then talk ran out and Harley and Gerty stood out on the porch and said their goodbyes. John came down and apologized. Harley pawed and looked up at the starless roof of the world.

"Snow tomorrow," he said. "Cold as hell the day after."

The boys watched television and Nora cleaned up in the kitchen. Luke was asleep and John laid in bed thumbing through *Man's Search for Meaning* looking for clues. A glimpse of Steven Sullivan's bloodied body. 'That fucking homo, eh, Zeke.' Put the book down and stared up at the ceiling and listened to Nora. Wondered what she was thinking while she scraped the stack of plates. Rinsed pots and soaked the turkey roaster. The banging of cupboards to raise the dead. Then nothing coming from the kitchen and murmurs from the living room. Reassuring them. And when Nora came to bed John was still awake.

"The answers are not in there," she said. Whispering.

"I wish they were," John said.

"It's not what you thought it would be."

"No."

"He's very ill, John."

"Yeah."

"You thought he would come back to Windrush and everything would be alright."

"I hoped it would."

"That look he gave Mitch, that's what frightens me, John."

"I know."

"You think I've been a bitch."

"Why do you always say that?"

"It's just a good word. A scratching, clawing word. It's how I feel sometimes."

"What would you call me then?"

"A prick. Sometimes you can be a prick."

"I know it."

"And I know it's not his fault. He didn't ask for it. But I can't change what happened to him and you can't change what happened no matter how much guilt you feel. That's a fact. If you want answers, John, all you had to do was look at those two young men sitting at the table tonight. So proud. The way they looked at you. For your attention. Your approval. Your acceptance. That's where your attention is needed, John. You're a father first."

"I was a brother before I was a father."

"I know that."

"Luke just needs a chance and I'm all he's got." A sigh squeezed from the weight of the world. "Good God, Nora, I didn't choose him over the boys. It wasn't like that."

"I know." Consoling now.

"Ruined your dinner. Sorry."

"Well, we had our moments even if you weren't listening."

"It was Luke."

"Yeah, well." A nasal humph. "Who did he see in Mitch?"

"The kid who shot him."

"Great. What does that mean?"

"He was confused. There is a resemblance."

"John?"

"I know. Don't say it."

chapter TWENTY FIVE

In the morning John Trickett rose and hobbled over to the window and tipped the blinds. Rubbed his eyes and scratched his backside. Private rituals. Light snow. He planned to give Luke a tour of the ranch. Help feed the remaining herd of Belgian Blues. Stack irrigation pipe if he was up to it. Fresh air and hard work made a man feel more alive. Drove out frustration. Seeped out of every pore.

Nora watched him in the achromatic light that hid flaws. Forgiving sleep. "What is it doing out there?" she said.

"Just like Harley said."

"The boys should leave before it sticks to the highway."

"Yeah."

"Come back to bed, John," Nora said. Threw the blankets aside.

John turned back to her. Backlit against the window. Hesitant as if there was something more.

"You might want to take Luke back before it gets too bad out here," Nora said casually. An inflection like sugar. She pulled her nightshirt up over her head. Her pale skin sprawling velvet across the bed. Nipples rising like frozen berries. Sweet.

John stood in the cold shadows. An invitation to love her. Her body. The simplicity of men coursing in hot blood, a genetic imperative. The tingling of his scrotum and the stiffening. The slow steady

rise. It had been a while, the latent longing. Soon he would lose his mind. Then he turned back quickly to the window and looked out to the barn. A sudden taking back of his brain at the cusp of surrender. Something was missing.

"Truck's gone," he said with masked consternation.

"Gone? What do you mean gone?" Nora said.

"Tire tracks in the snow heading down the reservoir road."

"One of the boys out for a last look around. You know how Mitch loves the snow."

"Yeah, most likely," John said. He calmly pulled on his jeans and his shirt. Turned away to buckle up hastily. Left Nora sitting up in bed with the blankets covering her breasts like some Hollywood minx. Cowboy jilted.

"Let me know," she said curtly as John left the bedroom.

He made his way to Del and Mitch's room and knocked on the door and opened it. Del looked up sleepy and swollen-eyed. The firm glare of his father. Mitch's bed was empty.

"Where's your brother, Del?" he said.

"Downstairs, I expect," Del said. "You know him, up at the crack."

John nodded. "Didn't say anything about taking the truck out, did he?"

"No. What's going on, Dad?"

"Nothing," John said. "Truck's gone. He must have taken it for a drive to the reservoir. Not to worry. Go back to sleep."

He left Del to his slumber and closed the door behind him and stood in the hallway and stared at Luke's door. He was out of breath and his heart began to race and he hadn't even moved. He had to get it over with lest his heart explode. He rushed to the door and opened it and found that Luke was gone. Somehow he knew. No sign of him save for his pill bottle on the night table. The lid was missing and the vial was empty. It didn't make sense to John. If he had taken them all it would likely have killed him. Reproached himself for not keeping

Luke's medicine.

He left the bedroom and ran down the hall and as he passed the bathroom he noticed the light still on. He turned by habit and there on the floor beside the toilet, a single tablet. He picked it up and held it in the light. A rush of cold foreboding pouring down his neck.

Then Nora called from the bedroom. "What's going on, John?"

And his brain began to conjure up all manner of scenarios as he descended the stairs two at a time, and in the background of his frantic thoughts, he knew well enough not to answer her. He flew through the kitchen and out onto the back porch. Swept the washed out horizon. The angled flakes unhurried. Then without thinking he ran around to the front of the house in his stocking feet. Saw where the truck had been and the long arc of tread leading away. He followed footprints back to the front porch. Two sets. He wondered if they left together. Then Nora burst out of the front door. In her fist something burning. Eyes cutting like lasers.

"He's got the gun , John," she said. "I found this on the floor outside the closet." She held out her hand. A .22 long rifle shell. "The closet was open. It's gone, John. He's got the fucking gun!"

"Stop it, Nora, we don't know that. Mitch likely took it for target practice."

"Then where's Luke, with him?"

"I don't know."

"We better call the police."

"What? We don't know anything."

"You heard what he said to Mitch. He thinks he's someone else. My God, John, he could have taken Mitch at gunpoint. He could shoot him. Mitch could be killed. Can't you see?"

"Hold on, Nora. Just shut up!"

Del poked his head out the door. His father out in the snow in his socks. His mother spitting bolts of fury. "What happened?" he said.

"Come inside, John." Nora said. Tossed John the bullet. Shook her head all the way to the kitchen.

"We don't know, Del," John said. "Trucks gone and so are Mitch and Luke."

"The .22's missing."

"Which one has it?" Del said. A fearful question to his father.

John opened his hand. The single tablet and the .22 shell like lethal crumbs leading to annihilation. Let them fall through his fingers onto the floor. "He flushed his medication," he said gravely.

"Damn it, John, I'm calling the police. We can't take a chance!"

John stood there in the kitchen with his head cupped in his hands. He fell back against the counter struggling for a clear head, a sound course of action amidst the anxiety that threatened to fog his brain. Give in to Nora.

"John?"

"Alright," he said finally. "I'm going to call Harley. Get his truck. That rental car of yours won't do at all, Del. We can follow the tracks down the reservoir road and try to catch up to them. They could be at Grandpa Trickett's old hunting shack near the reservoir. Luke liked to go there with that .22. And don't call the police, Nora. Nothing good will come of it. If they think for a minute that Luke's holding Mitch, someone's going to get killed. I'm certain of it."

"You better be right about this, John. If anything happens to Mitch…"

"Luke will listen to me."

"Who knows what his state of mind will be?"

"I don't know. I just don't know."

John called Harley and soon he came pounding up the driveway fish-tailing in the snow and as he turned in front of the house he slammed on the brakes and skidded sideways and stopped. He reached across the seat and opened the passenger door. Nora looked on from the porch and Harley touched the brim of his felt stetson to acknowledge her. She held onto Del as if he might be snatched by the wind. A tormented gaze.

John jumped into the truck and Harley jammed the stick into low

gear and the truck bucked and spun and swerved onto the track that lead to the reservoir road.

"Some worried," Harley said.

John turned back to her. Gusts of snow obscuring her mother-bear ferocity. Damned her intractable nature. "You talking about me or Nora, Harley?"

"Doesn't much matter, John. Sounds a bit dicey."

"Can you drive this?"

"I'll be fine, John. We'll catch up to them."

"I know you will, Harley. But you've got to catch them before the police do."

"Thought you told Nora not to call them. Said so on the phone."

"Now what are the odds of that?"

"I hear you partner. Just leave it to Uncle Buck here."

"Whatever," John said dully. The despair closing his throat. The strangling calamity.

"Things aren't working out?" Harley, both hands on the steering wheel and managing to turn to John between the jolts and bumps. The road ahead all but obliterated by drifting snow.

"No."

"Did you ever think, John, that you might have been a bit optimistic about Luke?"

"Do you think he took Mitch, Harley? Is that what you're trying to tell me?"

"I guess what bothers me, John, is that you set out on this scheme of yours and are prepared to lose your family. It surprises me. And right now all hell could be breaking loose."

"Alright, I fucked up."

"I didn't mean it that way."

"Which way did you mean it then, Harley?" His down-turned mouth.

Harley looked at him hard. Regretful. "Winds picking up," he said. "Damn early for a blizzard. Could use the moisture though."

He leaned forward over the steering-wheel. The landscape all but erased. The ruts he followed were drifting in and seemed shaped from an old and forgotten road. Perhaps a wrong turn.

"Are we on the right road?" John said. Rolled down the window and searched for a landmark. Futile. Scarce on a clear day.

"Hell yeah, the reservoir road is straighter than Albert Triphammer. And I'm going straight."

"Can't see a thing."

"I know where I'm going, John."

"Maybe we should keep on driving, Harley. Just keep on going forever."

"Don't be foolish, John. What we have here is a situation. No time for quitting. You started this. And you're going to have to finish it one way or the other."

"Didn't you try to stop me?"

"Now that's not much use, John. Hell, if Nora couldn't change your mind, I sure wasn't. It was the right thing to do at the time. Doesn't matter if it was right or wrong. To you, it was right. If you want to make another choice, well you can do that too. Every minute a man can make a choice. Does the best he can. Sometimes it doesn't work out the way he figured it would. Other times everything's just fine. This here is full of emotion and personality. Like smoking at a gas pump. If we're smart about it, we can fix this thing."

"Yeah?"

"Sure."

"How?"

"Don't know that yet."

"What kind of talk is that?"

"Faith that some good will come of it."

"Some meaning."

"You could say that."

"You believe that?"

"I do, John. I wouldn't get out of bed if I didn't."

"You seem to like this."

"I don't know if like is the right word. Gets the blood going though, don't it?"

"Watch the road."

chapter TWENTY SIX

Grandpa Trickett built a hunting shack near the reservoir back in the days when migrating waterfowl would block the sun in their numbers. An eclipse of widgeon and teal. He built the shack in an aspen coulee, the mouth of which emptied into the reservoir. There where the moisture gathered in the spring and grasses grew rank and tall and tiger lilies nodded in sunlit glades. A favourite spot for young John and Luke in the fall when the aspen leaves turned gold and shimmered and whispered forgotten songs of hunting lore. A time of prairie nomads. Great rutted paths from the ancient buffalo herds could still be seen. A marvel to boys who could imagine such expansive things.

Now the shack was somewhere out in the white swirling world. The track not so certain and the danger of wind and snow rising as the temperature dropped. The snow, horizontal fists of it, punching like an albino pugilist searching out the meek and reckless souls. Up ahead, John's truck in a snow drift. Evidence to get it out. Footprints leading away.

A crushing malaise before uncertainty. He felt it before, coming into Toronto. There he sought some assistance, invoked some plea to the Great Mystery of the world, a prayer to a God he didn't know but sensed within him something innate, unerring and real. A prayer to

appease his fear and inspire his courage. Now he prayed for Mitch's safety and Luke's innocence.

"They left the truck," John said. "Should have stuck with it."

"Yeah, they're heading for the shack alright. Damn thing to do, out searching for something they can't see. That's a fact. But I think Mitch knows where he's going, John. He wouldn't have left the truck if he didn't think he could make it. That's the bright side mind you."

"And?"

"This here's one hell of a storm. It's a problem."

"I think we're close to it, Harley."

"Doesn't mean much, John. Men get lost on the way to their barns in such weather."

"And I don't think they're dressed for it."

"That's two strikes against them. We better get after them. Even if Mitch has his directions figured out, a storm like this could get into a man's head, turn him around some. Freeze to death before he could pull his pecker out to piss. And we're not too sure of the situation. What Luke is up to."

Harley grabbed a blanket from behind his seat. Matches and a hatchet. Cut branches from a saskatoon berry bush. John checked his truck and found no clue except an open glove box. It seemed they took the bag of peppermints for food. And the wind made a sound like banshee herdsmen pushing at their backs and stung them with pellets of ice when they turned their cheeks to study the shifting land.

"I'll stay right on your heels, John," Harley said above the screech. "Go ahead slow. If the trail splits up, I'll mark it."

John nodded and lead the way hunched over the dimpled trough of footfall. They both pulled up the collars on their jean jackets. Harley's hat over his ears tighter than stove pipe. Bare weather-beaten hands unaffected. Several times the trails diverged and Harley remained at the fork until John could investigate. Each time one track veered away he soon found that it angled back to join the main

trail. It seemed that one doubled back to assist the other. The wind chill was likely having a devastating affect on them. John began to fear that he would come across their drifted bodies prone and dead, their frozen grimaces hating him. Like the death zone on Everest.

And as if such an image could manifest out of the construct of his worried mind, a shape appeared through the white gauze, a prone figure covered in snow, legs splayed behind. He stood before the shape, studied the outline, the clutching of his stomach. Then Harley moved ahead of him and knelt down and brushed away the snow from the legs.

"Pronghorn," he said. Held the cloven hoof for John to see. Gnawed hocks. "Now don't get your mind thinking too much, John. We'll find them. Now let's go. Not far now. Should come to the edge of the coulee any time." Stood up and placed his hand on John's shoulder like a father.

They trudged on following the tracks humped over like gnomes. Then trees appeared as Harley said they would and the trail slipped between the chalky trunks of aspen and down into the coulee away from the slice and howl of weather. In the distance the vague outline of Grandpa Trickett's shack. They stopped on the trail, cautious in the shelter of trees and listened. The snow seemed to have lost its urgency. A gentle falling. Silent against the background of the unfettered prairie rushing over the high crowns.

John turned to Harley, his hat covering his eyes. Frosted nose hairs. "What do you think, Harley?" he whispered.

"Don't see any smoke coming from the shack. Seems odd to me. The first thing I'd do is light a fire in that old stove."

"You alright, Harley?"

"I'm fine. These old frostbitten ears of mine are stinging something fierce. Other than that I'm fine. You?"

"I got a strange feeling that something's not right."

"You think?"

"I don't want to surprise them, Harley."

“Well, we could walk right up to that old shack and knock on the door.”

“No, I think we better look through a window first.”

“Yeah.”

“I just don’t know what to expect.”

“Just be ready for anything, friend.”

“Yeah.”

They angled down the slope of the coulee, moving slowly and alert like ambushers. Then a fox cut across in front of them. Stopped in mid-trail and turned and raised a front paw. Smoking breath. Regarded them with circumspect yellow eyes. Then it dropped its paw and padded down the trail a few feet then veered off into a tangle of aspen dead-fall. A glimpse of wild things driven to shelter. They followed the trail of the fox and stood where it disappeared into the thicket. There was no sign of it. John was sure it was watching them from its clever hide. Harley knelt down and touched the spoor like a tracker. No reason for it. Some adventure.

They continued on down the trail. The shack was close now. It seemed to be watching them too. The two windows at the back of it. Big square eyes. John approached the corner of the grey clapboard. Stood breathless. The wind sifting and the sway and knock of trees. Harley inched his way along the side, ducked under a broken window and turned and made eye contact with John. Some kind of signal between men. The time is now.

John removed his hat and crept around the corner and peered into the dark shell with one eye. The slow coming of light and recognition. Mitch on the floor in the corner wrapped in a mattress like a sausage roll. He appeared lifeless. His feet poking out and covered with Luke’s jacket. But Luke couldn’t be seen. Then John abandoned all caution and rushed passed Harley. “Let’s go,” he said.

They pushed open the front door and John immediately went to Mitch. He was blue about the lips and his skin marble white and his eyes were closed. A chiseled likeness asleep in a deep-freeze. The

thought that Mitch might be dead rushed to every cell of his body, a wave of intense panic, a rippling convulsion that made him queasy and gasp. The collapse of his life. The extinguishing of all meaningless things. He pressed his ear to his lips, desperate to feel a breath.

"No," he said. "No." His thin overwrought voice.

Harley knelt beside him and stuck his hand up inside the mattress like he was birthing a calf. "He's not dead for crying out loud," he said. "I can feel his heart, John."

"God, Harley, be sure."

"No mistake, friend. It's not strong, but he's alive."

"We've got to warm him up, Harley. He's near frozen solid. Get that fire going. Hurry!"

Harley opened the wood-box and it was full of firewood, split and ready for use. The unwritten law of prairie back-country. Soon he had the fire crackling in the stove and heat filled the cold space of the shack. Melted the snow that sifted through the windows. Puddles formed and dripped from the sills. The rank smell of pack-rats rising.

John removed the mattress from around Mitch and let it sprawl on the floor near the stove. He was soaking wet. Jeans stiffened with cold. He peeled off his clothes eased him down on the mattress and covered his milk-white body with Harley' blanket.

"He's hypothermic, John," Harley said. "He's unconscious. One of us needs to get undressed and get under there with him. Use our body heat to bring him around. Saw it on the Discovery Channel."

John glanced around the interior of the dim shack. The wooden bunks and shelves lined with newspaper shredded by mice. A Winchester calender on the wall, a painting of a covey of grouse flushed by a brace of spaniels. John didn't look at the images. Peripheral recognition. They were there as they always had been. What was missing, was Luke.

"Harley, Luke's out there. I have to go after him. And Mitch needs to get warm. I'll never ask you to do another thing. When he's

warm enough to travel, we'll get him out of here."

"Don't you worry about Mitch, John. I'll look after him. Just go easy out there. You'll be able to see now. The storm's played out and that cold snap is right behind it. And John, that old .22 of yours is not here. Looks like he has it. It don't mean anything. Just go easy."

From the front door John followed two sets of footprints straight to the reservoir. The trees thinned and the land hollowed and sedges leaned and poked through the snow and all before him was an expanse of ice. No sign of a trail, the grey ice swept of snow, gleamed like polished glass. The prairie returned, appealing and absolute. The beauty of the first snow revealed beneath a blue sky that lifted moods like a drug. But there gashed into the ice, two holes loomed ominous and black several meters apart. As if hit by a meteorite or children lobbing boulders onto a slushy pond. A glazed skin of new ice.

John Trickett moved around the first hole. A long arc creeping. Sliding one foot then the other. Testing. The cracks shooting in all directions. Holding. Then he neared the second hole. The ice sank. Gave under his foot. He couldn't move another inch forward. A hole in the ice and no sign of Luke. He was unwilling to believe that Luke went through. Perhaps a deer. Something else. Or perhaps he managed to crawl back onto the ice. Out there still.

And then something drew his attention beside the hole. A single peppermint. White and perfect. A signature. And the slam of the rifle butt chipped into the ice where Luke must have fallen, where he tried to stop, check himself. The loom of breaking ice. John's knees buckled and the ice yielded to his weight as the image of Luke below him appeared like a nightmare. The drift of him under the ice, frantic to find the hole above him. Hand pressed to the ceiling of ice like a bug in a killing jar. No way out and death approaching cold and swift. The whites of his eyes falling away.

John had to move. There was nothing to do now. He backed away slowly. Tears thickening along his lashes. A salty trickle contained on his cheek. Everything wrong. His will of no use out on the plains

where tragedy was a mere point of view. The unfolding of circumstance. Merle Haggard's, 'rollin' down hill like a snowball headin' for hell.' For an instant he thought it might be a comfort to break through the ice and put an end to his ruinous notions for absolution. Just a grievous thought that left him quickly when his attention returned to Mitch in Grandpa Trickett's shack. And then Steven Sullivan appeared in his mind. Out of nowhere. Spoke to him.

"Just a dumb fuck, Zeke, to chase the Bug Man out onto the half frozen ice. No fucking way to make up for abandoning him. Just a stupid fucking Zeke with Saskatchewan plates. I told you before."

John returned to the shack. It was warm and appealing and he was relieved to see that Mitch began to move, shiver and tremble back to life. He opened his eyes.

"Mitch," John said, "can you hear me? It's Dad."

Mitch nodded. Turned his head mechanically to Harley. He blinked, wondering, then slow-eyed around the shack.

"Gave us quite a scare there, Mitch," Harley said. "Probably weren't thinking you'd be needing matches." His reassuring smile glossing over his slight reproach.

"Where's Luke?" Mitch asked sleepily. Jaw and lips like an earthquake and turning to Harley beside him. Aghast but tolerant.

The next thought in John Trickett's head. "He's not here, Mitch. What happened?"

"He went out to the reservoir," Mitch said. "I tried to stop him but I lost him in the snow. The ice wouldn't hold me and I went through. I knew I had to get back here. It was so cold. I called out to him. Then I don't know. I must have managed to crawl out onto solid ice. Can't remember after that."

He looked down at his son, all of him, seeing him for the first time in years. Safe and sound and nothing else seemed to matter. Then a shard of light appeared on the wall like a blessing, expanded, unveiled the darkness. And out on the reservoir Luke drifted away from him. Farther still.

chapter
TWENTY SEVEN

The RCMP arrived as John knew they would. A dive team was brought in from Regina and found the .22 in 20 feet of water. It was buried in the soft mud of the reservoir. They couldn't find Luke. Visibility was poor under the ice and the weather turned colder and John was told that they would find Luke in the spring when the ice came off and his body popped to the surface. A dreadful thought that would delay closure on Luke's sad life.

Del and Mitch returned to university. Mitch fully recovered. But before he left Windrush, he said he owed his life to his Uncle Luke. Helped him out there in the blizzard and pulled him out of the frigid hole. "He must have got me out of there," he said. "Thinking about it now, I know I couldn't have done it myself. Carried me back to Grandpa Trickett's shack. He rambled on a bit about things. Seemed muddled. But he wasn't afraid. No, I was in no danger with Uncle Luke. That's the truth."

"What about the rifle, Mitch?" John had asked.

"I took out the old cooey. I wanted to target shoot like I used to. And on the way, I came upon Uncle Luke walking along the Reservoir Road. He didn't say where he was going. And he didn't want to get into the truck at first. But it was blowing pretty bad and finally he got in. Then the weather just got worse."

And through the long winter John Trickett awoke every morning to his chores. Feeding and watering his cattle. Thermos coffee and pissing in the snow. He managed to push his truck on through the drifts to the open side-hill above the reservoir. And at the end of each day he would park there and look out over the frozen water. Stare mostly. Nothing to contemplate save for his foolhardy idea. There was nothing to process in his head with Luke still entombed below him. A sad affair that had to wait the coming spring. Nora was no help with his grieving. She could scarcely speak of the matter herself lest she burst into tears for her harsh views. John Trickett held no grudges, but still all was cheerless about Windrush those months.

Christmas came and went and a fine visit with the boys. Gratitude was palpable around the Trickett table that day and grace was understood to be more than a short prayer before the meal. But that lingering knowing that Luke rest dead and gone below the ice just a few miles from their comforts was a painful distraction. The backdrop to every word and pause. Like the throbbing persistence of a headache aggravated by sudden movement. A laugh would end, trail away and allow the space to be filled with painful gloom. So the chatter rolled on, uninterrupted. Punctuated with glasses of wine. Bottles drained. Corks pried loose from the long necks. But it had to end. Life compelled the rise and set of the sun. Day after day.

And when the call did finally come in early April to tell John that it was time, Nora packed the truck with a blanket, sandwiches, coffee and a saskatoon berry pie. It would be no picnic, but there was no telling how long it would be. She wanted to go along. To be there for John. The RCMP Recovery Team was already on the water. An aluminum boat with dragging hooks. It seemed that Luke's body had not surfaced. There was a chance that it might be snagged on something. Perhaps on an irrigation intake pipe.

John parked his truck where he did all winter. New grass covered the sloping landscape around the reservoir like velvet. A kildeer left

its nest, a gravel scrape in the middle of the road in front of the truck. Yellow headed blackbirds in the bullrush. Bird song and fat drifting clouds like wooly sheep passing by. Diamonds on the small lake. The idling chug of an outboard motor. Nora laid the blanket down for them to sit and wait. An outdoor theater. A Canadian Tragedy. A good time for a Gordon Lightfoot song.

John was sick. Lightheaded. The thought of identifying Luke. Six months at the bottom of the reservoir. He had no appetite and wasn't in the mood for talking. He could scarcely bear the tension, the abject horror of the gruesome outcome that would end when the RCMP would signal to him. An arm raised. Come down from the hill to visit upon his brother's demise. A hellish bloated corpse.

"Here, Tim Horton's coffee," Nora said pouring coffee into a cup from the thermos. Looked him over. Worried, but understood his struggle.

"Where did you get that?"

"Harley bought it in Swift Current when he was there on business. He wanted to cheer you up."

"Business?"

"Alright. He made a special trip."

"That old hand. He's one to know the pleasures of a simple man."

"He continues to surprise me."

"Don't know why. He's always been like that." John noticed that the conversation took his mind off of Luke. Momentarily. He felt a measure of relief.

"Just me, then."

John turned to her. Something there. "What is it?"

"See that?" She pointed to the kildeer. "See how she protects her young. Fluttering and flopping as if she had a broken wing. Anything to lure danger away from her nest." She was helping him, gently leading him away from the morose scene of the reservoir.

"Yeah. It's something."

"Do you understand?"

"Yeah, I get it, Nora. You've been reading my book."

"Woman's Search for Meaning."

"That's the one."

Just then a hawk swept low over the slope, wings folded for speed. A shadow racing ahead of it. Suddenly it veered towards the kildeer, but it seemed tentative, uninterested, and sailed on past it and dropped down into the bowl of the reservoir increasing its speed and chances of a kill.

"Did you see that, John?"

"I saw it," he said. "I'm sitting right beside you." Irritated by her obvious attempts to make things right. A correction in the unfolding universe.

"Well, whatever drives that hawk, is in us too. It can't help it. Not a thing it can do about it."

"I know what you're trying to do. Square this thing. You can't. I fucked up. Pure and simple. Told Harley that very same thing."

"Not like you to swear, John."

"Well, it's a good word sometimes. Just seems to fit."

"It doesn't suit you."

"I think the need to swear is a human condition. I'm just trying it out."

"I see."

"All our frustrations. Everyone's got them. That's one thing I learned."

"Do you think we're getting somewhere?"

"Us?"

"Yeah, in all this craziness."

"Maybe. I don't know. I just don't know. What if he committed suicide, Nora, killed himself? Luke knew ice. He just wouldn't walk out onto that lake like that. And if it's true, then I'm responsible. For everything."

"We're getting into some pretty heavy shit, John."

"Sounds like we should consult with Dr. Buck?" A sardonic chuckle.

"Speak of the devil."

Harley's truck came banging up the dirt road. Bounced over potholes. Swerved. Something on his mind. His truck lurched to a stop. He seemed a little rattled as he walked over to the side-hill. Didn't look towards the recovery operation.

"I know you'd be here," he said standing over John and Nora. Fidgeting with something in his hand. Out of breath. Tipped his hat.

"What's going on, Harley?" John said.

"Well, John, this came in the mail this morning." Raised his hand to show them.

"Harley," Nora said, "before you say another word, spit out that wad of horse shit that's tucked under your lip. I don't want to be sprayed by that vile dribble."

Harley reared back. Shook his head then turned and leaned over and spat out his chaw. Glistening turd on the new grass. The passing of his sleeve.

"Thank you," Nora said.

"It's a post card from Toronto," Harley went on, "from you, John. It's all beat up and the ink is smudged. I figured it must have been lost behind a water cooler or something. I wasn't surprised by that fact. You hear of things like that now and then. But I noticed the post mark. It was mailed a week ago, John. From Toronto. And I know you weren't in Toronto last week because you were helping me put that new clutch in my truck. It's the damnedest thing I've ever seen."

John fell against Nora's shoulder. "I forgot to mail it," he said. "It was in my glove-box. He must have…"

"John, are you alright?" Harley said.

He looked up. The boat back and forth stitching the reservoir. "They're not going to find him, are they, Harley?"

Harley paused. His silent speculation. He looked down at his boots then out to the reservoir. Then he strode down the hill and stopped and turned and strode back up. He stood and shook his head in deliberation. "No, not there, friend. It seems he's gone home."

"He wanted us to think he went through the ice," John said. "To give himself time."

"Damn, John. It's just the damnedest thing."

There on the blanket John drew up his knees and folded his arms and rested his head. He was shaking and Nora consoled him. Rubbed his neck. Harley looked on. He was no crier and thrust out his jaw, but it trembled still. A drip at the end of his nose like a jewel and eyes watered and spilled. A sanctuary for his sensitivities.

And down below them the drag boat quit for the day and was loaded onto a trailer and taken away. Then the world turned over to reveal some other world. A new world, fresh and clean, never to be the same. And terns raced over the rippled waters of the reservoir crying, hurry, hurry and clouds moved across the sun and great shadows crept across the prairie like something ephemeral. Then the sun broke through once again and there was only space and tomorrow cradled in the breathing plains.